信息技术环境下
小学英语整合模式研究

郭丽华　著

东北大学出版社

·沈　阳·

图书在版编目（CIP）数据

信息技术环境下小学英语整合模式研究 / 郭丽华著
. -- 沈阳：东北大学出版社，2023.6
ISBN 978-7-5517-3274-1

Ⅰ. ①信… Ⅱ. ①郭… Ⅲ. ①英语课—教学研究—小
学 Ⅳ. ①G623.312

中国国家版本馆CIP数据核字（2023）第101269号

出 版 者：东北大学出版社
　　　　　地址：沈阳市和平区文化路三号巷 11 号
　　　　　邮编：110819
　　　　　电话：024-83687331（市场部）　83680267（社务部）
　　　　　传真：024-83680180（市场部）　83687332（社务部）
　　　　　网址：http://www.neupress.com
　　　　　E-mail:neuph@neupress.com
印 刷 者：沈阳市第二市政建设工程公司印刷厂
发 行 者：东北大学出版社
幅面尺寸：170 mm × 240 mm
印　　张：13
字　　数：233 千字
出版时间：2023 年 6 月第 1 版
印刷时间：2023 年 6 月第 1 次印刷
策划编辑：刘新宇
责任编辑：杨　坤
责任校对：郎　坤
封面设计：潘正一

ISBN 978-7-5517-3274-1　　　　　　　　　　定　价：58.00 元

前　言

　　世界的发展日趋多元化，互联网飞速发展。21世纪为多元化发展社会，21世纪的人才需要与社会背景、文化背景完全不同的人接触、交往，因此21世纪人才需要学会在多元化世界中成长。英语属于国际性语言，熟练地掌握英语这门语言不仅能够帮助学生进一步掌握世界各国经济、政治、文化方面的相关知识，还有助于学生在社会主义建设中形成兼容与开放的性格，提高学生的人际交往能力与合作能力。随着基础教育课程改革的持续深入，现代教育信息技术和教学资源为小学英语教学提供了多种媒体的手段、多种类型的平台和多方位的教与学的空间。《义务教育英语课程标准（2011年版）》明确提出"在教学中，教师应合理利用各种教学资源，提高学生的学习效率。"《义务教育英语课程标准（2022年版）》也明确提出"推进信息技术与英语教学的深度融合。"信息技术与各学科的融合已成为教育信息化和教育改革的核心问题。因而，这就需要教师把目光和思考聚焦到网络、聚焦到信息技术，变革教与学的方式，让教学和学习成为与时俱进的活动。开展信息技术环境下小学英语整合模式的研究不仅是英语课程有效实施的关键要素和小学英语教师信息技术素养提升的重要内容，而且还是帮助小学生拓展视野、提高语言能力和学习能力、培养思维品质和文化意识的有效途径，为满足学生个性化学习需要提供支撑，对促进义务教育英语教学高质量均衡发展有着非常积极的意义。

　　随着时代的进步与科技的发展、教育教学理念和办学条件的日臻成熟，信息技术环境下英语整合模式的研究已在全国多地兴起，且蓬勃发展。在基础教育、高等教育和职业教育三大领域都有一定程度的应用，尤其是在高等教育和职业教育中，成果显著。但是在小学英语教学方面的相关研究和应用案例仍然相对匮乏。"教育要面向现代化、面向世界、面向未来"，信息技术环境下小学英语整合模式正是面向现代化、面向世界、面向未来的教学形式，值得我们继续深入研究、探索和实践。

本书通过科学的教育科研与教学实践相结合的研究，探寻小学阶段信息技术环境下英语整合模式研究的内涵、特征等相关要素，并进行清晰的界定，从而为有效开展整合模式教学提供理论依据，进而从信息技术环境下的小学英语教学目标、教学方法策略和教学评价等几方面的设计展开研究，探索了信息技术环境下的小学英语词汇教学、语法教学、阅读教学等整合模式，运用大量的实例研究进行论证，从中选取典型案例，将整合模式的理论研究与教学案例相结合，对小学英语教师从事教学实践具有一定的指导意义。

总之，信息技术环境下小学英语整合模式将推进信息技术与小学英语教学深度融合，不仅拓展课程资源，变革教学方式，实现教学内容的呈现、学生的学习方法、教师的教学方法和师生互动方法的变化，还为学生的英语学习提供丰富多彩的学习环境和强大的学习渠道，形成主体多元、方式多样、素养导向的教学样态，促进学生核心素养的四个方面协同发展。期盼信息技术环境下小学英语整合模式的研究在未来会受到更多学者和教育同人的更多关注，更期待更多更好的研究成果不断涌现。

著 者

2023 年 3 月

目　录

第一章 绪 论

一、英语学习对学生发展的意义

我国新一轮课程改革中，之所以将英语列为义务教育阶段必修课程，究其原因：英语为21世纪人才所必须掌握的语言，且与信息时代社会建设人才素质需求相吻合。除此之外，学习英语与社会多元化发展需求相吻合，有助于学生在信息化社会中发展。21世纪为多元化发展社会，21世纪的人才需要与社会背景、文化背景完全不同的人员接触，因此21世纪人才需要学会在多元化世界中成长。英语属于国际性语言，能够让学生进一步掌握世界各国经济、政治、文化方面的相关知识，有助于学生在社会主义建设中形成兼容与开放的性格，进而培养学生的人际交往与合作能力。学习英语除了与今后社会主义建设需求相吻合，在拓宽学生视野、掌握学习方法与策略、推动学生创造性思维发展、树立终身学习观念等方面都具有关键作用。

二、进行小学英语教学研究的必要性

0—12岁是语言习得的最佳时期，这已被许多实验和研究结果证实。大多数小学儿童的年龄在6—12岁。这一时期不仅是儿童心理和生理发育的重要阶段，也是语言学习的关键时期。

尽管人们已经充分认识到早期英语学习对儿童的发展具有重要意义，并且儿童具有语言学习的年龄优势，但语言学习是一个复杂的过程，许多研究结果也证明，尽管年龄对语言学习有一定的优势，但年龄本身并不构成优势，只有当它与其他因素结合时，才能发挥这种优势。其中，教师的素质（教师的外语能力和对幼儿的教学能力）和课时的投入将对儿童的语言学习产生重要影响。

因此，在小学开设英语课仍然是中国英语教育的一个新课题。

一方面，在中国，英语是作为外语（EFL）而非第二语言（ESL）学习的。尽管外语和第二语言学习有很多共同点，但它们在语言学习和教学环境上仍然不同；另一方面，对于中国孩子来说，受自身民族语言、社会文化背景的影响，他们在学习外语时会表现出独特的个性和发展规律。然而，从现有文献来看，在中国的外语教学和研究领域，专门研究小学生外语学习心理和小学外语教学的学者很少，关于小学外语教学方面的文献也很少。缺乏理论研究导致许多教师不善于把握小学生外语学习的规律和特点，也没有成功的教学经验和教学方法可供借鉴。这不仅不利于教师提升教学效果，也不利于教师培养学生的学习兴趣和良好的学习习惯，从而影响小学外语教学整体质量的提高。尽管中国新的英语课程改革提出要改变英语课程过分强调语法和词汇知识的解释和教学，强调通过语言情境的体验获得语言知识和言语能力的模式，强调培养学生的综合语言应用能力。然而，在现实中，由于传统外语教学理念的长期影响，改革的效果与人们的期望之间还有很长的路要走。

三、小学英语教学改革的趋势

教育正在不断改革，这已成为现代教育的一个基本特征。传统的教育改革主要涉及教学内容、方法、手段等。新世纪以来，国际社会开始探索和实践教学改革的新思路，即在各学科的教学过程中广泛运用基于多媒体计算机技术和网络通信技术的信息技术手段，并依托信息技术与各学科的融合，改革传统的教学模式和教学结构，为教育创造良好条件。信息技术与各学科的融合已成为教育信息化和教育改革的核心问题。

早在1996年，美国教育部就发布了第一个国家教育技术计划《为21世纪的美国学生做好准备——迎接技术能力的挑战》。该计划提出了利用四种国家教育技术进行教学和学习的愿景。2000年底，美国发布了《数字化学习——美国国家教育计划》。在这项新计划中，联邦教育部原部长理查德·赖利（Richard W. Reilly）向国会和政府提出了一项新的国家教育技术目标，即电子学习——将世界级教育置于所有儿童的指尖，数字学习——所有儿童都可以在任何时候获得世界级教育。

根据对2000年美国教育部关于E-learning（数字化学习）概念的权威声明

的分析，教育改革的途径和目标是利用信息技术手段，通过信息技术与学科课程的有机融合；实现一个理想的学习环境和一种充分体现学生主体作用的新的学习方法，从而彻底改革传统的教学结构。为了实现培养大批具有21世纪能力和素质的人才的目标，应用信息技术改革传统教学也成为国际外语教学改革和发展的主要趋势。目前，国际外语教学研究的发展发生了巨大的变化，其主要趋势表现在六个方面，除了课程总体目标、教学理念、教学模式和方法、课程评价和研究重点的变化外，在教育技术方面，从简单的黑板、粉笔到多媒体教育技术的变化已成为六大变化的重要方面。信息技术在外语教学中的发展和有效使用已经引起了各国的关注。中国还高度重视信息技术在小学英语教学改革中的应用，教育部基础教育司原司长李连宁在谈到小学英语课程的决策和工作部署时明确指出："这项小学英语计划的一个主要特点是教学模式改革有了新的突破，特别是现代教育技术在小学英语教学过程中的应用。"

在中国新一轮英语教学改革中，信息技术在英语教学中的应用受到了高度重视。《义务教育英语课程标准（2022年版）》特别强调信息技术在课程资源开发和教学过程中的应用。应该说，将信息技术引入英语教学课堂不仅会带来课程资源的扩展和教学方法的变化，还会带来教学内容的呈现、学生的学习方法、教师的教学方法和师生互动方法的变化，为学生的学习和发展提供丰富多彩的学习环境和强大的学习工具。因此，如何利用信息技术促进英语教学改革将成为信息时代英语教学和研究的重要课题。

第二章　信息技术环境下小学英语整合模式理论基础

一、信息技术环境下小学英语整合模式理论依据

（一）人本主义学习理论

20世纪50年代，美国出现了一种新的心理学趋势——人本主义心理学理论。该理论由马斯洛创立，代表人物是罗杰斯。人本主义教学理论就是以人本主义心理学为前提的。人本主义教学理论表明，情感和认知是人类精神世界中两个密切相关的部分，必须融为一体，这也是"完整人"的两个方面。人本主义认为，有必要培养"完整的人"。教师需要在挖掘学生经验和潜能的前提下，用有效的方法引导学生参考认知和经验，促进学生的转化和学习，培养学生适应转化和学习的能力。人本主义学习理论的关键分析是如何为学习者创造一个高质量的环境，让他们从自己的维度感受和理解世界，进而达到自我实现的境界。

人本主义学习理论的基本内容如下。

（1）强调人的因素，注重以学生为中心。

人本主义教育者表示，每个人都具备发现知识的潜能与积累经验的意愿，只有创造同时符合二者的条件，该潜能与意愿才能够得到激发与挖掘。人本主义者认为，教学整合时，教师需要充分信任学生的独立思考与自主学习能力，把学生作为核心，提升学生深层次学习动机，推动学生落实自主学习，最后实现自我，做一个"完整的人"。

（2）重视个人的意义学习。

人本主义学习理论关注以学生作为核心，为学习者创造意义学习对应的环

境。所以，人本主义教育者的教学设计关键是按照学生个人意义学习落实。该意义学习主要指让学习者个性与行为态度发生转变。有意义学习为一种学习者真正具有的意义学习，其非常重视学习者身心状态和学习内容的关联性，共涉及四个要素：第一，学习具备个人参与属性，也就是个人情感和认知投入学习活动，其也有意义学习基础；第二，学习是学习者自我发起的，内在动力在学习中起主要作用；第三，学习具备渗透性，表示学习可以让学生行为、态度甚至个性都出现转变；第四，学习为学生自我评价，由于只有学生对本身最适合的学习方式与学习效果最为了解，明确学生自我学习需求对于意义学习具有关键意义。

（3）提供学习资源，创造良好学习氛围。

人本主义教育者所提出的学习资源代表所有有利于学生开展学习的资源，除了传统课本、杂志、教学工具等硬件资源，还涉及学生对学习所秉持的态度等软件资源。罗杰斯表示在学习资源内，教师为学生学习流程内关键性资源，由于教师能够在所有条件与情况之下帮助学生，同时能够把不同类型学习压力减小到最低。如，教师为学生讲解自身所具有的知识与经验，并非规定每一个学生必须学会特定知识内容。罗杰斯并不认同教师将大部分时间精力都投入到课程讲解与课程考试上，相反，需要将更多时间划分在为学生提供学习资源上面，积极为学生讲解不同类型的且全新的学习方式，追求使学生在学习过程中选择适合自身学习的方式。罗杰斯还表示，教师需要使学生处于轻松与自信的学习环境中，由此，学生才可以真正成为学习的核心与主体。

（4）构建真实的问题情境。

人本主义教育者开展教学整合的关键任务是构建真实的问题情境。真实的问题情境主要指支持学习者开展意义学习中不同类型的真实问题整合。

罗杰斯非常提倡的学习方法叫作内学，鼓励学生自主探索。想要使学生全身心参加到学习活动中，最佳方法是让其面对自己日常生活中常常遭遇的有关问题。但是在已有学校教育中，恰恰做相反的事情——让学生和具体生活距离越来越远，甚至相互隔绝，间接性提升意义学习的难度。实际上，教师想要让学生具有意义学习，最佳做法为设计与教学内容有关同时对于学生具有现实意义的问题情境，甚至还能够在相关情境内设定一定悬念激发学生兴趣，刺激学生尝试具备挑战性的内容。

但是在现在教学活动中，教师所提供的学习问题情境依旧和真实生活具有一定隔阂，不利于学生意义学习。因此，如果我们希望学生转变为真正学习者，需要积极创建不同类型的真实问题情境。

（二）建构主义学习理论

建构主义是学习理论从行为主义到认知主义的创新。目前，传统的表征建构主义学习理论是由皮亚杰、布鲁纳、维果茨基等研究者的思想发展形成的。例如，皮亚杰和布鲁纳的认知发展观解释了如何将客观知识结构应用于个体之间相互作用形成的抽象认知结构。维果茨基提出的"文化和历史发展观"表明，人类的高级心理功能不是人类固有的，而是在与附近人的互动中产生和发展的。它受到人类文化历史的限制，其思想是建构主义学习理论的关键前提。

如果将认知学习理论分为两个关键分支：认知学习理论和信息处理学习，则建构主义与后者显著对立，并与前者有着密切的继承关系。建构主义学习理论表明，学习不仅仅是在教师的帮助下向学生解释知识，而是在学生与周围环境互动的过程中积极构建内部表征的过程。构建注意力学习的基本要素是语境、合作、会话和资源。

建构主义者对于学习具有下述共识：

① 以学习者为核心；

② 关注学习中学习者主动发挥与内在表征创建，关注学习者自我建构；

③ 学习中涉及两个建构，分别为对新信息意义建构与对旧知识改造与重组；

④ 交流与合作为重要内容，表示学习存在个人色彩之外，同时还具有社会性；

⑤ 关注为学习者创建合理真实学习情境；

⑥ 关注资源对于学习者开展意义建构。

在现代建构主义理念之下，建构主义学习理论主要发展出下述几种教学模式。

1. 抛锚式教学

抛锚式教学为温比尔特认知和技术小组在约翰·布朗斯福特领导之下研发所提出，该教学模式的关键目标为让学生在真实与完整的问题背景内掌握学习需求，同时借助镶嵌式教学与学习共同体的成员彼此交流与互动，也就是合作学习，通过本身主动与生成学习，亲身体验从识别目标到提出与达成目标的整个流程。抛锚式教学模式以供给理论作为理论前提,"供给"主要表示情境可以挖掘学生在学习活动中的潜能。吉伯逊表示,各特征环境可以给不同个体提供不同活动,不同种类教学环境也可以为学习者提供不同学习活动。相应的,不同种类教学材料或者资源可以为学习者提供不同种类的学习活动。事件或问题为"锚",所以也称为"抛锚式教学"。

抛锚式教学模式最显著的特征是将教学内容和具体形象情境相结合。创造情境基础流程划分为六种类型,分别为语言描绘情境、画面再现情境、实物演示情境、音乐渲染情境、表演体会情境、生活展现情境,每种情境都会产生潜移默化的影响。

抛锚式教学整体划分为五个环节,分别为创设情境、确定问题、自主学习、协作学习与效果评价。

2. 支架式教学

"支架"指传统建筑行业内所应用的脚手架,应用于教学中被形象地称为一种教学模式:把儿童看作建筑,儿童的"学"为自主、不断地建构自身的流程,教师的"教"为该流程中关键的脚手架,支持儿童建构自身,并逐渐建造自身的创新能力。支架式教学是按照前苏联心理学家维果茨基"儿童最近发展区"理论形成的,在"脚手架"帮助之下,让学生尽可能实现自我探索与实践,最后形成自身有效知识教学模式,其表现出建构主义教和学观念,关注教师的支持、引导与协助。

支架式教学涉及五个环节,分别为搭脚手架、进入情境、独立探索、协作学习与效果评价。

3. 随机访问教学

随机访问教学是按照认知弹性理论形成的另外一种建构主义教学模式,该理论表示:人的认知将会伴随情境的不同体现出显著的复杂性、灵活性与差异性。这里的"访问"原本为计算机学科术语,主要表示互联网对于网站进行探索,"随机访问"也就是随机、自由地就不同维度开展访问、探索,建构相同内容。随机访问教学强调相同教学内容就不同时间、情境、目的使用多样化方法进行表现,让学生对于相同内容或者问题开展全方位探索与理解,具有不同建构意义。

随机访问教学的本质为"换个角度看待问题、换个情境解决问题"教学模式。所以,该模式并非传统教学模式的抽象化概念,而是将该概念和生活中人们比较容易理解的事例相互结合，寻求理论联合实际，是全面理解该概念，甚至进行具体应用。随机访问教学并非反复重复特定抽象概念，而是对其开展理解意义方面的建构。

随机访问教学涉及五个关键环节，分别为呈现情境、随机访问学习、思维发展训练、协作学习与效果评价。由此能够看出，协作学习、效果评价与支架式教学一致。

（三）基于语觉的儿童语言交际教学理论

语言是人类彼此沟通交流情感的关键媒介，语言实质为交际，所以，语言的学习与应用需要以交际作为核心。交际的关键流程涉及语言生成——说与听两方面，说为语言表达过程，听为接受语言过程。因此，借助语言交际对学生综合运用语言能力进行培养。

北京师范大学何克抗教授对伦内伯格关键期理论、赫布先天与后天相互作用理论、乔姆斯基普遍语法理论进行辩证研究的前提下，开展深入分析，同时提出了有关儿童语言发展的全新理论——语觉论。

按照语觉论，何克抗教授表示英语教学应注意到下述几方面内容。

第一，教材与课程为学生语觉形成关键资料，英语教学需要结合小学阶段语觉重要时期，特别是需要抓住1~4年级最佳语觉形成时期，如果可以使儿童在学龄前就接触到英语听说环境，将会取得更加理想的效果。

第二，语觉重要时期需要创建有利于听说能力训练的语言环境。除课堂内师生彼此互动以外，还能够借助多媒体教学为学生提供优质的英语训练环境。教师应把语言交际作为核心来设计课堂教学，引导学生自行表达与沟通。

第三，语觉重要时期，学生听说读写能力训练需要具有针对性，不建议平等对待。在小学阶段，特别是1~4年级，需要将听说训练作为重点内容。

第四，上述指导思想除了需要落实到小学英语教学中，还需要落实到英语新课程标准的制定与教材编写中，由此才可以在源头解决问题，反之依旧为治标不治本，致使当前我国英语教学落后情况无法改进。

何克抗教授语觉论借助批判、继承现代关键言语理解和生成理论，就儿童语言发展重要时期、儿童本身言语能力与组成要素研究等方面系统深入并且全方面分析儿童语言学习与发展制度，基于此提出语觉全新言语理解和生成模型，该模型除了对于儿童、青少年甚至对于第二语言学习都具备显著帮助，同时对于课程整合环境之下儿童英语教学具备理论与实践性指导作用。

二、信息技术环境下小学英语整合模式概述

（一）现代教育技术

本书研究的现代教育技术是以素质教育理念和新课程标准为基础，利用计算机和教学技术及资源，从而实现教学过程设计的系统优化，合理组织教育资源和教学活动，提高教学质量和课堂效率的有效教学方法。

教育技术是指现代科学技术在教育中的应用形式，其核心是教学设计技术和课程开发技术。1994年，AECT（美国教育传播与技术协会）将教育技术定义为设计、开发、利用、管理和评估学习资源和学习过程的理论和实践。1974年，美国发射了一颗专门用于教学的"实用技术卫星"，标志着现代教育技术进入了一个新阶段。

早期中国教育技术是在教育中应用音频、视频等技术手段，即视听教育手段。20世纪80年代后，计算机网络的普及和通信技术的进步与成熟促进了教育技术和方法的革命性变化。教育部2013年发布的《中小学教师教育技术能力标准（试行）》对教育技术进行了定义：利用各种理论和技术来设计、开发、利用、管理和评估教学过程和相关资源，实施教育优化的理论和实践。2018年教育部印发的《教育信息化2.0行动计划》对教育技术提出了新的要求，因为智能时代、人工智能、大数据和区块链技术的发展改变了过去的人才需求和教育格局。总之，随着20世纪末现代科学技术的发展，投影、幻灯片、视频、电影、广播和电视开始广泛应用于教育，扩大了使用范围，提高了教育的效率和质量。

"教育技术"一词自21世纪初开始使用，在其发展过程中有许多不同的定义。然而，多年来，中国大多数教科书都借鉴了AECT对教育技术的定义，这对中国教育技术的理论和实践产生了重大影响。

通过总结上述权威定义，笔者认为，现代教育技术的内涵可以从以下三个方面来理解。

第一，现代教育技术是在教育过程中使用的现代物质手段，包括投影仪、幻灯机、电视机、有线和无线扩声系统、视频显示平台和多媒体计算机。由此

可以说，CAW闭路电视教学网络系统和计算机双向传输交互网络系统是教育技术的硬件组成部分。

第二，现代教育技术也是一种精心挑选和合理组织的学习材料。这些学习材料应满足学生个人学习和社会应用的需要，也必须符合学生的年龄特征和认知规律，适合学生学习。这是教育技术的一个软件组件。

第三，现代教育技术也是设计、实施和评估教育和教学过程的方法。如夸美纽斯的直观教学法、赫尔巴特的四段式教学法、中国古代教育家孔子倡导的启发式教学法等，这也是现代教育技术的组成部分之一。因此，由硬件、软件和教学手段方法组成的系统是现代教育技术的一个完整概念。换句话说，现代教育技术是一个由教学硬件、软件和教学方法组成的系统。

（二）信息技术

信息技术主要是指应用通信、计算机、网络和其他不同类型的技术来管理和处理海量信息。黄同怀定义了技术的本质、功能、过程和发展。长期以来，各行各业对信息技术没有统一的定义，但总体而言，包括信息收集、传输、处理和使用在内的所有技术都是信息技术。在本书中，信息技术是指以视频和音频为主要多媒体材料，为课堂教学提供相应的支持和帮助，进而促进信息技术与英语教学的融合。

工业时代最具代表性的特征是机械化。随着社会科学技术的发展，人们进入了信息时代，其中最显著的特点是计算机控制网络化。由教师讲解、学生记忆和模仿的传统教学模式已经被计算机取代。信息化的概念是由日本学者在20世纪60年代提出的。它在20世纪50年代开始发展，并在20世纪90年代取得了实质性发展。信息化的关键资源是信息技术。信息技术的内涵有广义和狭义之分。广义上，信息技术主要是指与人类信息功能延伸相关的技术，即能够收集、传输、存储、处理和表达信息的不同类型技术的总称；狭义的信息技术主要是指对计算机、远程通信技术和其他信息收集、传输、存储、处理和表达的关键措施的分析。由于广义的信息技术涉及黑板、幻灯片放映、投影、现代计算机等信息媒介，因此它一般是一种狭义的内涵。国内外研究人员也对其进行了狭义分析。南国农教授对信息时代的主要特征进行了划分，指出信息技术的广泛使用是信息时代最明显的特征，知识是信息时代的关键生产要素，适应和创新是信息时代建设的生命线，合作与协作是信息时代的基础。

(三) 教师信息素养

随着信息时代的快速建设和知识经济时代的正式到来,信息、知识和能力在社会的不同领域具有非常重要的地位和作用。信息素养包括:获取信息、整合资源、应用网络工具、网络教学设计、网络课堂控制能力、信息时代的学习评价能力、网络沟通能力和终身学习能力。教师的信息素养包括三个层次:文化素养、意识素养和信息技能。教师承担着人才培养的关键责任。他们需要培养信息素养,这是来自时代前沿的现代教师所要求具备的素质。为了应对信息社会的关键内容,提高教师的专业水平是必然的发展趋势。《中小学教师信息技术应用能力培训课程标准(试行)》指出,基于学校信息教学和教学改革的建设,促进教师信息技术运用能力提升的总体目标是创建一个新的系统,以应用为驱动、以创新为导向、以准确评价为导向的信息素养培训。

三、信息技术环境下小学英语整合模式的教育价值

(一) 信息技术使英语教学中的发音更标准更规范

我们知道,传统的英语教学主要是教师的教(即教师的示范)和学生的学(即学生的模仿)以及大量的机械操练。但由于各种原因,发音不标准是许多教师自身就存在的问题,这使得英语教学中必定会出现一些读音偏差甚至错误的现象。由于在偏远地区,专业的英语教师非常少,供教师进修学习的机会也是很少的,因此,这种现象在这些地区是尤其明显的。然而信息技术的运用就可以很好地解决这个问题,比如我们可以利用专门的英语教学网站,如Teaching the Alphabet等;也可以利用一些手机上的词典APP,如有道词典等;还可以利用网络上可以搜寻到的专门教发音的视频,我们可以在国家中小学网络云平台、视频播放软件等平台上搜索到相关的视频;另外,我们还可以利用信息技术制作出相应的教学动画,制作软件例如Flash、Audition、Painter、Hoki等。

(二) 信息技术突出英语口语的语用功能

口语是英语的基础,英语口语的教学是英语教学中不可或缺的一部分,我们不能把英语的口语教学单独地提出来,割裂成一个独立的部分,而应该更加

注重英语口语的语用功能，即在语言交际功能中的重要作用。这就需要将英语口语的教学融合在真实的语言情境中进行，使学生们的英语学习也是在真实的情境中进行。然而在我们的课堂中，符合每个课时的情境并不是真实存在的，这就需要创设语言情境了。

在传统的英语教学中，我们一般用卡片结合语言阐述的形式进行呈现和创设教学情境，这种方式在相对简单的教学中是可行的，但随着教学内容难度的增加，我们需要创设更加直观且贴近学生生活的教学情境时，上述形式就显得繁杂不易操作了。而信息技术拥有声、形、色、光，具备真实、生动、视听结合等特点，在创设逼真的教学情境方面发挥着不可忽视的作用。能够把课堂所涉及的情境素材，以及相关的教材知识进行深入地挖掘，进而创设出最为有效且贴近学生生活的情境，保证英语教学环节更加形象直观，具有趣味性，使学生自身的注意力能够完全地被吸引，乐于在此"真实"的语言环境中进行学习。

（三）信息技术使教学方式多样化

传统的英语教学不仅在教学的时间和空间上受到限制，在教学方法上也会受到一定的限制，因为从我们的教学实践中能发现，学生的英语口语学习大多需要教师的帮助和指导才能完成。而信息技术的使用，可以扩大学生学习英语的空间（不只局限在学校教室内），可以延长学生学习英语口语的时间（不只局限于课堂的几十分钟），还可以使英语教学方法得到极大的丰富。例如教师在QQ群、微信群或者班级的网络平台中，将课堂上使用的英语材料上传，以方便学生课前预习和课后复习巩固；再比如，现在学习英语的APP也有很多，教师可以进行比较，筛选出适合所教班级学生使用的APP，供学生们自主选择学习。

四、信息技术环境下小学英语整合模式的教育意义

从教学活动的实践来看，依据上述教学设计进行备课、教学，与传统的教学情况相比较，无论是教学过程还是教学效果，无论是课堂氛围还是学生表现，都发生了翻天覆地的变化。这些变化，从短期效果来看，有利于促进小学英语课程教学的彻底变革，实现小学英语课程教学过程的趣味化和生活化，实

现小学英语课程教学效果的最优化和高效化；从长远效果来看，有利于形成以学生为中心的教学模式，提高小学生的学习能力和主体意识，培养小学生的创新意识和创新能力，帮助小学生掌握信息时代的学习方式，学会学习。

针对造成小学生英语学习困难的原因，基于信息技术与小学英语课程教学有效整合的视角，信息技术对提高英语教学水平具有重要意义。

（一）能够优化学生英语学习环境

信息技术与小学英语课程教学的有效整合，能够优化学生英语学习环境。主要表现在以下几个方面。

1. 能够创设理想的教学组织环境

信息技术的应用可以为小学英语教学构建一个良好的教学组织环境。借助计算机、网络、影视等先进的信息化教学方法和手段，通过大量色彩鲜明、生动有趣的画面，向学生展示图、文、声、像和动态视频相结合的教学内容，进行视、听、说、写的全方位训练，能为学生创造一种真切自然的学习情境，实现对教学信息最有效的组织与管理利用。英语学习不仅仅是语言知识的学习，还包括对英语国家的文化、习俗的学习等，网络可以使教师轻松获得大量与课程相关的信息并通过多媒体计算机在课堂上呈现给学生，提高学生的文化素养。

2. 能够创设优化的课堂教学环境

信息技术与小学英语课程教学的整合，能够化虚幻为现实，化抽象为直观，使小学英语课程的情境教学成为可能。信息技术在小学英语课程教学中的运用，改变了教师只能通过语言描述进行教学的局面，增强了课堂教学的感染力，优化了小学生学习英语的课堂教学环境。利用多媒体计算机的演示功能，可将传统的"静态演示"变为直观形象的"动态演示"；利用信息技术，教师能够向学生展示图、文、声、像相结合的丰富多彩的教学内容，增大课堂教学的语言流量和信息容量；利用计算机辅助进行的分组教学，能够根据学生接受能力和学习速度等方面的差异，因材施教；利用信息技术提供的即时监测平台，能够快速反馈教学信息，使教师可以随时了解学生知识、技能的掌握情况，及时调整教学策略，完善教学行为，优化教学过程。可见，将信息技术引入课堂，利用信息技术支持小学英语课程的课堂教学活动，能够实现课堂教学环境的优化，大大简化教学程序，使教学变得更为直观、形象和生动，达到事半功倍的教学效果。

3. 能够创设良好的交互学习环境

互动式教学不仅是师生之间多变互动的过程，而且还涉及生生互动、人机互动等多种互动过程。传统课堂教学因受到教材和教学设备等种种因素的影响和制约，教学方式都是以教师为中心的"填鸭式"教学方法。信息技术与小学英语课程教学的整合，能够为小学生学习英语创造一个全方位的交互式学习环境，这种环境为学生拓展思维、积极地转化旧信息、建构新信息创造了很好的条件，激发学生在协作的基础上不断监控检查自己的学习活动，在思考和探索中不断变换、提炼个体的学习策略，发展个体的认知能力。这种交互式的教学环境，扩大了相互交流的信息量，提高了教学时间的利用率，有利于实现最佳的教学效果。同时，这种交互式的学习情境为学生参与英语课堂教学，进行协作式学习创造了良好的条件，能够激发学生学习英语课程的主动性和积极性，真正体现学生作为学习主体的作用，从而有效提高学生的英语综合运用能力，特别是听说能力。

4. 能够创设良好的发现学习环境

互联网是一个庞大的知识库和资源库，拥有最丰富且最新的信息资源。这些知识库和资源库特别适合于小学生进行"自主发现、自主探索"式的英语学习，为小学生批判性思维、创造性思维的发展和创新能力的孕育提供了肥沃的土壤。信息技术与小学英语课程教学的整合，能够为小学生英语课程的学习构建探索式、发现式的开放学习环境。在这样的学习环境中，学生能够根据学习任务的特点、个人的爱好和能力展开学习，采取不同的学习策略，调节内容呈现的形式和进度，展开自主学习。在以学生为中心的开放环境中，能够充分发挥学生学习的积极性和思维的主动性，通过观察、分析、归纳，发现语言学习的规律，掌握语言知识，判断和识别信息的价值，并通过探究自己得出结论，达到解决问题的目的，从而培养了个体自主发现、自我发展、自行探索的能力，提高了个体分析、解决问题和相互合作的能力，增强了个体的创新精神，不断提高个体的英语水平。

（二）能够提升小学英语课程的教学效率

信息技术为小学英语课程教学提供了多样化的教育技术手段，为构建新型教学模式提供了技术支持。将信息技术广泛应用于小学英语课程的教学，能给学生提供多向性的信息通道、多感官的信息刺激，具有交互性和信息量大的特点。这使小学英语课程教学的方式更为灵活，使小学英语课程教学活动具有了丰富多彩的表现形式，从而大幅度提高小学英语课程的教学效率。

英语语言的学习需要获取大量的语言信息并有效地保持。网络为小学英语课程的教学提供了丰富的信息资源库，大大拓展了教材、教参的内容，使语言教学更加丰富多彩，更贴近生活；多媒体计算机则为小学英语课程的教学提供了多方面的外部刺激，将多媒体计算机应用于教学过程不仅非常有利于知识的获取，而且非常有利于知识的积累。利用多媒体信息通道的多向性，能够通过多维信息通道从多种角度刺激学生的各种感官，为学生提供丰富的学习刺激情境，抓住学生的注意力，影响学生对信息的感知与接受，这对于知识的获取具有重要的意义和作用。同时，通过多种感官的刺激比单一地听教师讲课能够获取更多的信息量，学生通过讨论、交流，用自己的语言表达出来，知识的保持将大大优于传统教学的效果。

从学生的角度来看，信息技术和信息技术所特有的音画效果，使学生接受多途径的感性刺激，可以做到化繁为简、化难为易、化远为近、化静为动、化大为小、化快为慢，使教学内容变得通俗易懂：一方面，有利于加深学生对英语知识的记忆，有助于突出教学重点，突破教学难点，提高学生的创新思维能力和探索实践能力；另一方面，它与英语教学的整合也有助于提高学生获取、处理、运用信息的能力，使信息技术成为信息时代学生不可或缺的外语学习工具。

（三）能够拓展小学英语课程的教学资源

小学英语课程教学的优化要求积极开发并合理利用各种课程资源，要求教师能够给学生提供贴近实际、贴近生活、贴近时代、内容积极健康而丰富的课程资源，不断拓展学生学习英语、运用英语的渠道和方式。随着信息技术的发展，计算机和网络技术的普及化程度日益提高，因特网为教师教学和学生学习提供了无所不有的信息。通过信息技术与小学英语课程教学的整合，能够突破传统的以书本作为主要知识来源的限制，不断生成更加丰富多彩、更加贴近生活、更加具体生动的教学资源。通过网络，教师可以搜集到教学需要的各种音频、视频、图片、课件等各类信息，极大地充实和丰富教学资源。这些教学资源为教师制作教学课件提供了多样化的选择，使教学的内容更丰富、教学的方法更灵活、教学的表现更多样。

信息技术与小学英语课程教学的整合，可以充分发挥小学英语教师的团队精神，在分工合作的基础上，建设教学资源库，实现优秀教学资源的共建共享，非常有利于内容更丰富、形式更多样、质量更上乘的教学资源的开发，也便于远距离进行传输，改变目前学校英语课程教学的封闭模式。教师的劳动具有重复性，信息技术应用于小学英语课程的教学，不仅在一定程度上可以减轻小学英语教师的重复劳动，将小学英语教师从烦琐沉重的重复性劳动中解脱出来，有利于教师身心健康，而且能够提高小学英语教师的工作效率，让教师的精力更多地集中在课程教学的创新和改革上，使小学英语教师能够更快速地成长为"学者型教师"或"研究型教师"。

（四）能够激发学生学习英语的兴趣

兴趣是学习的强大驱动力。美国现代心理学家布鲁纳说："学习最好的刺激，乃是对所学材料的兴趣。"学生的学习兴趣一旦得到激发，学习的效果就会显著提高。信息技术与小学英语课程教学的有效整合，为小学英语课程的教学创设富有趣味的情境，使抽象、枯燥的学习内容转化成形象、有趣、可视、可听的动感内容，使小学英语课程的教学活动变得形象化、主题化、生动化，使学生产生种种情感体验和共鸣，激发学生的求知欲，让小学生的英语课堂不再枯燥无味。

将信息技术运用于小学英语课程的教学活动中，能够实现语音、语调、神情、风土人情、人文景观的最佳结合，促进学生对英语语言表层和内涵之间关系的细致体会，让学生学到原汁原味的充满生活气息的英语语言。信息技术可以提供生动形象的画面、优美动听的音乐，利用多媒体创设合适的教学情境，能够提供多种感官的刺激，把复杂、抽象、难懂的内容变为直观、浅显、具体、形象、动态的感性材料，为学生创设必要的情境，让学生身临其境，从而调动学生的各种感官协同配合，激发小学生学习英语的兴趣。学生有了学习英语的兴趣，就会积极投入教学活动中，就会主动、愉快地发挥个体的主体作用和主动精神。

总而言之，要提高小学生英语会话水平，让学生走出"哑巴英语"，不论是学校、教师还是学生，都应该树立正确的观念和目标。这个过程是艰难的，需要教师全身心地投入，但更要改变传统的教学方式和教育理念，增强学生说英语的自信和能力，为学生以后的英语会话学习奠定坚实的基础。

本章小结

现代教育技术广泛应用于教育领域，不仅从手段上，而且从观念上、教学模式上都引起教学活动的深层次变革，使信息技术与课程整合成了教学改革的一个突破口。然而，目前，信息技术在小学英语教学中的应用水平仍然非常低，大多是作为教学内容的展示工具。小学英语教师对于如何将信息技术与英语教学整合感到非常困惑，心中也产生了许多问题，如"什么时候用信息技术比较合适？怎么用？""怎么做才能体现'主导-主体'教学思想？""怎么做才算是信息技术与课程整合？"要回答这些问题，除了让小学英语教师掌握先进的教育教学理论、信息技术以外，更为重要的是进行基于信息技术与课程整合思想的教学模式的研究，为小学教师的教学实践提供一个可参考的范式。教学模式是在一定的教育思想、教学理论和学习理论指导下，为完成特定的教学目标和内容而形成的比较稳定且简明的教学结构理论框架及具体可操作的教学活动方式。教学模式是教学理论与教学实践的桥梁，既是教学理论的应用，对教学实践起直接指导作用，又是教学实践的理论化、简约化概括，可以丰富和发展教学理论。研究"主导-主体"教学思想指导下信息技术与小学英语教学整合的教学模式，为小学教师提供一些可用于指导教学实践的教学模式，对于推进信息技术与课程整合就显得非常重要且迫切。

第三章 信息技术环境下小学英语
整合模式研究溯源

一、中国学者研究溯源

我国中小学计算机教育研究中心的有关人员借鉴西方发达国家的相关提法，于1998年第一次提出了"课程整合"的概念，并成立了相关课题组，从改革信息技术的角度进行研究。

由北京师范大学现代教育技术研究所何克抗主持的"以'学科教学改革，创新精神培养，实践能力训练，信息技术运用'为内涵的学科'四结合'教学改革实验研究"，提出了几十种信息技术与英语教学整合的教学模式，初步构建了全新的识字、阅读和作文教学模式。这些教学模式实现了信息技术与英语教学的整合，有效地激发了学生的主动性、积极性和创造性，充分体现了学生的认知主体地位，较大幅度地提高小学英语的教学质量，为我国基础教育的深化改革探索出一条切实可行的新路。

计算机应用于英语教学前期研究的重点在于如何充分发挥计算机辅助教学工具的作用，近些年来则更加关注计算机认知工具的作用，尤其是校园网、因特网在中小学的广泛普及以及"几何画板""Mathematia""Excel"等软件的引入与使用。许多英语教学研究人员和英语教师对于将信息技术与英语教学整合进行了有益的探索，并取得了一定的效果，其中运用"几何画板"革新数理化教学（特别是英语教学）的试验研究项目取得了尤为显著的影响和效果。"几何画板"是人民教育出版社和全国中小学计算机教育研究中心于1995年联合从美国引进的工具平台类优秀教学软件，教师利用该工具平台可根据自己的教学需要编制与开发课件，同时便于学生进行主动探索。几何画板既能创设情境又能让学生主动参与，所以能有效地激发学生的学习兴趣，使抽象、枯燥的英语概念变得直观、形象，使学生从害怕、厌恶英语变成了喜欢学英语，让学生通过做"英语实验"去主动发现、主动探索，不仅使学生的逻辑思维能力和英语运用能力得到较好的训练，而且还有效地培养了学生的发散思维和直觉思维。"几何画板"的应用促进了信息技术与小学英语教学的整合。但是这些关于计算机应用于英语教学的研究大多停留在计算机作用的描述以及教学经验描述的层面上，没有对这些经验进行理论化、抽象化、模式化的概括，不利于其他教师的借鉴和运用。

　　信息技术与小学英语教学整合相关的研究，主要从以下几个方面进行：一是英语教学模式的研究；二是信息技术与课程整合模式的研究；三是计算机应用于英语教学的作用和方式的研究。关于信息技术与小学英语教学整合模式的研究却很少，即使有，也只是零星的、个别的。

　　自从20世纪90年代美国的乔伊斯等开创性地提出将教学模式作为教学研究领域的一个独立研究方向以来，教学模式的研究一直是教学研究领域一个重要的课题。英语教学模式的研究近些年来呈现欣欣向荣的景象。乔伊斯在其著作《小学英语的教与学》中提出先行组织者、发现法、证明定理、解决问题、利用计算机等许多英语教学模式。由冯克诚、田晓娜主编的《最新教学模式全书》中也提出了数十种英语教学模式，还有《英语教育学报》《小学英语教学参考》《教法与学法》《英语通报》等期刊上名目繁多的英语教学模式，真可谓百家争鸣、百花齐放。研究英语教学模式的学者和教师从英语学科教学的视角研究教学模式，对英语教学实践具有较好的指导作用，然而以计算机为核心的信息技术在这些教学模式中最多只是起一种教学手段或教学媒体的作用。乔伊斯提到的利用计算机教学也仅仅是众多教学模式中的一种，对于当前如何有效地将信息技术与英语教学全面整合起来的问题缺乏直接的指导作用。

　　近些年来，信息技术与课程整合模式的研究引起了教育技术研究领域的重视，提出了不少信息技术与课程整合的模式，如何克抗教授提出的讲授、个别辅导、探索、协作等4类网络教学模式，祝智庭教授总结归纳的个别授导、教学模拟、智能导师、问题解决等23种信息化教学模式，李克东教授提出的情境—探究式、资源利用—主题探索—合作学习式、小组合作—远程协商式、专题探索—网站开发式4种数字化学习模式。这些信息化教学模式对于信息技术与英语教学整合有很好的借鉴作用，但由于其学科的普适性而缺乏英语教学的针对性。

二、西方学者研究溯源

（一）美国研究者关于教学模式的定位

美国教学研究者乔伊斯于1972年出版《教学模式》一书，专门系统地研究了流行的各种教学模式，他对教学模式下的定义在国外较有影响。乔伊斯对教学模式做了开创性的研究，他根据教学实践总结了四大类，即信息处理类、个人发展类、人际关系类、行为教学类共25种不同的教学模式。《教学模式》一书把教学模式定义为：一种可以用来设置课程、设计教学材料、指导课堂或其他场合教学的计划或范型，可以把教学模式划入教学方法或教学策略的范畴。

（二）美国的"2061"计划

从国际上来看，20世纪90年代中期以后，不少国家不单独开设信息技术内容，而是将信息技术与课程整合。美国著名的"2061计划"就在更高层次上提出了信息技术应用于各学科整合的思想。该项计划特别强调应具有善于将自然学科、社会学科与信息技术三者结合在一起的思想。随着近年来因特网的普及，使全国各地的中小学教师可以方便地从因特网上下载"2061计划"的教材、资料和资源，同时扩大了该计划的影响力。

（三）加拿大1998年的"信息技术报告"

加拿大在这一领域也不甘落后，自20世纪90年代中期以来，各地对信息技术与课程整合的实验不断增加，并已经取得良好的效果。1998年2月，温哥华"信息技术报告"指出："信息技术可以创设一个以学生为中心、教师为主导的教学模式并与广泛的社区相联系的学习环境"；并可以实现如下三个目标：

① 增强学生的批判思维、合作技能和解决问题的能力；

② 使信息技术的应用成为学习过程的有机组成部分，从而便于学生掌握信息的收集、检索、分析、评价、转发和利用的技能；

③ 不仅促进了班级内学生的合作交流，而且还促进了本校学生与全球性学习社区的合作交流，从而开阔了视野。

　　还有日本1998年7月审议发表的《关于改善教育课程基准的基本方向》的咨询报告中，就提出了在小学、初中、高中各个阶段的各个学科都要积极利用计算机等信息设备进行教学。

　　由此不难看出，国外已经开始从整体上重构和设计基于信息技术环境的课堂教学过程，并在利用信息技术提高教师的教学效率及促进学生探究学习等方面积累了丰富的经验，基本上能将信息技术自然、流畅地渗透到学科教学的整个过程中。

本章小结

　　由于英语教育者们认识到了信息技术在促进英语学习方面的优势和潜力，信息技术应用于英语教学也逐渐得到英语教师的关注，不过目前，在信息技术运用于小学英语教学方面，类似的研究仍然只是极为少数。

第四章 信息技术环境下小学英语 整合模式教师研究

一、信息技术环境下小学英语教师教学行为

（一）教师课堂教学行为特征

1. 信息技术工具应用能力为创建优质课堂提供技术保障

优质课堂中的教师能够熟练灵活地应用电子白板呈现教学信息，能够通过手机平板发送学生需要讨论的信息、接收学生的讨论结果，且中间教学环节驾驭娴熟，没有操作失误。从技术行为可以看出，普通课堂教师对于技术行为应用相比于优质课堂教师在选择技术工具的种类上要更拘谨，主要使用电子白板作为表达工具，其他的工具使用较少，而且教师利用电子白板作为表达工具的使用类型也较少，侧面反映了普通课堂教师对信息技术工具功能的不熟悉，使用方法也不熟练，常常出现操作错误。在优质课堂中教师充分调用各种技术功能，使用技术工具传递教学信息和管理课堂，将技术工具与各个课堂教学环节相结合，乐于并善于使用技术工具，对于技术工具的使用不是生硬地照搬，而是在获取网络资源后根据教学内容的需要，使用处理工具进行分解再处理，生成被学生所接受且与教学内容相关的媒体资源。由此可见，优质课堂教师在使用信息技术工具辅助教学方面的意识与能力都较强。

2. 信息技术工具的应用为教师课堂教学理念的创新开启了新途径

在优质课堂教学中，教师有效利用信息技术工具，成了学生学习的指导者和引导者，这也为教师教学理念的创新开启了新的途径。在优质课堂的教学中，教师通过使用电子白板进行教学导入，创设了学习情境，引导学生进入新知识的学习环境中。同时，教师通过移动学习载体手机、平板向学生发送自主

学习和讨论的题目信息，在学生的讨论过程中，教师不再站在讲台上充当主讲者的角色，而是走到学生中间，倾听学生的讨论，并给予及时的指导。从师生互动的角度可以看出，优质课堂的教师把课堂安排得更加饱满，能够准确把握课堂进度，课堂内容丰富，在教学过程中始终把教师作为主导、学生作为主体的"双主"原则落实到课堂中，在课堂中更多地为学生言语行为、技术行为和肢体行为的使用创造机会。与普通课堂教师相比，优质课堂教师将课堂活动与信息技术工具相连接，创造出更多区别于常规课堂的互动方式来激发学生的学习兴趣，提高学生的课堂参与度。教师在提出主观问题时引入抢答机制，学生通过平板进行抢答，再由教师端进行随机抽选确定答题者，在学生回答问题后，结合学生回答情况，借助电子白板的奖励功能，为学生点赞、鼓掌、标记小星星、颁发小红花。教师可以事先设计选择题和相应答案，学生通过平板进行答题，学生的答题情况则可通过教师端进行实时监控，了解学生回答情况。教师通过传送文件功能可以将课堂需要的课外材料传送给学生，学生根据自身学习情况进行自主学习。这些新形式的互动方式一方面结合学生活泼好动喜欢游戏的性格特点，充分激发学生的学习兴趣，增加课堂气氛，另一方面为教师管理课堂、高效处理课堂信息提供途径。

3. 信息技术工具的有效使用为打造以学生为中心的优质课堂创造了环境保障

在优质课堂中，教师的讲授行为占课堂教学行为的比例要远小于普通课堂中教师讲授行为占课堂教学行为的比例，而提问行为占课堂教学行为的比例却高于普通课堂。这是因为，在优质课堂中教师更注重使用技术工具展示教学内容，通过启发式提问引导学生自主探究、积极思考，通过文件传输功能为学生创造自主学习平台，学生可根据自身情况进行主动探究、自主学习，发现和总结知识点，而教师的讲授行为主要是作为知识点的补充和扩展。学生角色由单一的信息被动接收者向学习主体转变，教师通过运用技术工具，为学生创造更多的课堂展示、课堂测试环节，做到当堂讲，当堂练。学生在课堂中不仅是教学信息的接收者，也是教师教学效果的反馈者，教师使用技术工具高效快捷评阅功能生成课堂检测效果，通过技术工具及时检测学生学习效果。课堂不再是以教师讲授为主，而是通过教师利用技术工具创设学习环境，学生主动思考问题，主动解决问题的过程，学生学习方式由原来只作为信息的接收者，转变为在课堂上利用平板进行主动探索性学习、与同伴合作交流学习，向自主探究学习形式转变。学生成为学习活动的中心得益于学生在课堂上信息技术的有效应用，得益于教师为学生创建的信息技术学习环境。

（二）教师教学行为提升方法

优质课堂教师在进行课程设计时注重为学生打造视听环境、创造互动机会，熟练灵活地使用信息技术工具，创造良好的课堂学习氛围，提升了学生学习效果。因此，这对于改进普通课堂教师教学行为向优质课堂教师教学行为乃至推进课堂教学的改革都是一个有益的启示。鉴于此，对于小学英语教师的专业化发展提出以下建议。

1. 主动认识技术功能，合理利用教学工具

信息技术与课程整合的目的就是更好地辅助教学，使用技术支持代替传统的教学工具更方便快捷高效地帮助教师传递教学信息，帮助学生获取知识。在使用技术工具时要着重发挥技术支持的优势，善于挖掘技术工具的技术特点，选择合适的工具辅助教学。但是，在教师使用技术工具的同时，要时刻注意技术是帮助学生更高效地学习，而不是为了逃避教学任务，一味地通过转用他人教学视频，忽略课堂上教师的引导作用，对学生的学习反而会适得其反。同时也要放开学生使用技术的权限，在信息化社会，学习不仅是教师在课堂上传递知识，更是学生利用技术工具主动探索知识的过程，在课堂上使用技术工具作为教学工具，潜移默化地影响学生的信息素养，引导学生更好地利用网络空间丰富的学习资源。

2. 利用技术创设情境，强化设计互动教学活动

信息技术与课程整合下的小学英语课程是以电子白板、教师端手机和学生平板为硬件支持，教师可以使用支持电子白板为信息载体的所有软件以及媒体资源促进教学信息和学习资源的传播与共享，为学生创设语言环境，创造教学情境。信息技术与课程整合下的技术工具支持教师与学生的双向互动，课堂互动不再是单一的语言互动，教师在教学设计时，应充分考虑技术特点强化设计互动教学活动，引导学生主动参与课堂，如在技术的支持下，学生主动参与课堂抢答问题，主动反馈问题答案，主动利用平板工具中的学习资料等方式，增强课堂互动效果，增加学生学习效果。

3. 转换教师角色，让学生参与课堂

在普通课堂中，教师对于课堂主体与主导地位认识不够明确，常常将教师

讲授作为课堂主要活动，忽略学生在课堂中的主体地位，学生在课堂中始终处于信息接收者的位置，学生缺乏学习主动性，抑制了学生的创造性思维。应转变教师一言堂的角色，将课堂时间更多地留给学生，使用技术助力学生参与课堂，教师在网络环境下为学生提供信息资料库，学生通过平板合理安排时间进行自主学习，并根据个人能力及学习情况制订学习方案。在电子白板上展示学生课堂小结答题卡，由普通课堂中的学生自我评价或一对一评价转化为学生集体评价，培养学生的评价能力，提升学生规范答题的意识。

二、信息技术环境下小学英语教师角色转变

(一) 信息技术与学科教学整合下的教师角色内涵

随着科学技术的不断发展和进步，使得学生学习的资源变得更加丰富，同时也在不断改变学生的学习方式。在如今这个高度信息化的社会，教师和学生同时处在这样一个信息资源尤为丰富的情境中，师生间拥有几乎同等的机会去获取信息资源，作为英语教师，早已不再像传统教学中那样是学生学习英语的主要途径，学生有丰富的渠道来获取自己想要的信息。这种时代下，就需要教师能重新认识自己的新角色，认识自己在新的教学模式中所起到的作用。

1. 知识的建构者

将信息技术运用于学科教学中，对于教学来说一个明显的改变就是信息技术给学生提供了更多的资源和获取信息的渠道，学生在这种教学模式下能满足自身对于知识学习的需要，并且不仅仅局限于课堂上。然而传统的教学模式却不能满足新时代学生的学习要求，课堂上被动地接受知识使得学生的效率低下。信息技术支撑下的计算机网络虽然能给教师和学生提供丰富的学习资源，但是正是由于这些资源的数量大、来源广，使得其零散且不具有系统性，因此，教师面临的一个艰巨的任务便是帮助学生在这个复杂而广阔的网络环境中来获取自己想要得到的信息。以建构主义学习理论为基础，其倡导学生是学习的中心和主体，学习知识的过程就是学习者在自己头脑里建构知识意义的过程。可见，新的时代有新的要求，教师仅仅作为知识的传授者是不能满足学生对于知识学习的要求的，因此，需要教师启发并帮助学生去构建自己的知识体系。所以，教师在此扮演的角色便是知识的建构者，这不仅需要教师对专业知

识的细致把握，还需要教师具有丰富的教学经验，指导学生将零散的知识点根据自身所需构建成便于记忆、学习、运用的知识框架，同时还要帮助学生将旧知识和新知识串联起来，促进学习的正向迁移，从而建造属于自己的知识体系。

在信息技术的辅助下，教师不再局限于灌输知识，更重要的是以建构主义学习理论为基础来帮助学生在繁杂的学习资源中选取有用的信息建构起知识框架。

2. 课程教学的研究者

作为教师，我们要想有进步，要想教育有成效，就必须边教边学，一方面指导学生，一方面研究学问。时代的发展，使教育情境中的问题增多并变得复杂。因此，"教师成为教学研究者"在新时代背景下显得尤为重要。很长一段时间，人们认为教师的职责是传递已有的知识给学习者，创造知识似乎并不是教师的任务，但如今的学校教育对教师有了新的要求，仅仅单纯地传授书本上固定的知识，一方面会限制教师的教学内容，另一方面还会阻碍教师自身的专业发展。所以，信息技术时代的教师应该是一个主动参与到课程研究的研究者，遇到问题时，不再依靠他人的研究，而是自己主动去探索问题的答案。

教师拥有比以前更多的自主权，应逐步从教学型教师转变为教学科研型教师。作为一名研究者，就需要去开发教育资源，根据课程合理地安排教学进度和结构，并且能创造性地设计教学活动。

3. 教学活动的参与者、促进者

教学过程是师生交往、共同发展的互动过程，在课堂教学的过程中，强调师生间的动态的交流，教师应该转变权威的意识和观念，以平等的身份积极主动地参与学生的学习活动。传统课堂上的教师教授知识、学生被动接收知识已不能满足时代的需要，应转变成为教师和学生间的交流式学习，这样才能促进教师和学生共同学习。教师应组织丰富、生动的课堂活动，以各种形式开展交流活动。比如小组活动、游戏、角色扮演等，学生能真切地参与到活动中来，让他们在课堂上大显身手，而教师也应该参与其中，与学生一起参加活动，而不是袖手旁观。在参与的过程中，教师更应有意识地激发学生的参与热情，促进学生在教学活动中感受并吸收所学内容。

4. 教育教学的合作者、组织者

不管是传统还是现代的课堂教学中，教师作为教学组织者的身份都不能被抹去，既要组织学生学习教材上的知识，还要组织学生有序地开展各种教学活动，并收集活动的资源和信息，同时共同营造良好的教学活动氛围和学习环境，并且保持学生的参与热情。教师作为教学的组织者是一堂课必不可少的且尤为重要的角色。在传统的课堂中，因为教学模式和教学条件的限制，教师作为教学的组织者可能不太突出，但在信息技术与学科整合教学的今天却很重要。因为新的教学模式下的课堂教学活动更加丰富，书本知识更加烦琐，信息来源更加多样化，也就更需要教师在课堂上的组织能力。作为学生的合作者，教师应该走入学生之中，参与到学生的课堂活动中，融入学生的交流讨论中，与学生交流思想和情感，和学生一起寻找问题的答案，共同分享学习的快乐。

（二）教师角色转换中的要义分析

1. 教师角色转换的原因

信息技术支撑下的教与学更体现开放性、互动性、多元性、自主性等特点，这些特点要求教师要转换新角色。但是，教师的新角色并不是对传统教育下教师角色的全盘否定，而是一种适应性的传承和创新。在现代教育理论和新的教学环境影响下教师必须自觉地运用新的信息技术于教学中，这就促进了教师角色的转换，而这种转换的原因可以归纳为以下三点。

（1）时代发展的必然趋势。

在信息技术日新月异以及新课程改革不断深化的今天，将先进的信息技术引入教育教学是时代发展的要求，是提高教学质量、改善教学环境的途径，因此，在这种大的社会环境下，教师的角色还是像传统的角色一成不变的话势必会落后，不仅如此，如果教师在信息技术与小学英语学科的整合中不能恰当地转换角色，那么这种整合也不能起到事半功倍的效果。

（2）教育教学的新要求。

在如今的小学课堂里，随处可见信息技术的身影，不管是多媒体的应用还是网络的辅助，抑或是信息化的作业形式，都显示了信息技术对于教育的深刻影响。而教师在这种影响之下如果还是扮演着传统教学者的角色，一方面这些辅助手段会形同虚设，另一方面教师的教学压力也会随之增大。

（3）教师发展的新途径。

在传统的教学模式下，学生学习知识主要是从教师和书本处获得，然而在信息技术发达的今天，教师已经不再是学生学习知识的主要途径，教师在很多领域已不再像以前那样能第一时间获得信息。如今的教学，已经不再是由教师将重复的经验、知识传授给学生，而是教师和学生都在教学中占有主要的地位，致力于改进传统的教学，创造新的教学模式。因此，在信息技术整合于学科教学的条件下，教师若不紧紧跟上时代发展的步伐、不断地更新自身的知识储备，那么必定无法满足现代学生对于知识学习的渴望。因此，作为教师职业发展提升的一部分，教师理所应当认识到角色转换所带来的优势，从而积极促进自身角色的良性转换。

以上三点原因是信息技术整合于小学英语教学下推动教师角色发生变化的主要动力，并且社会在不断进步，科技的发展也日新月异，硬件软件技术都会随之改进，为优化学科教学而努力，这些都会让信息时代教师的角色转换成为可能并且成为必然。

2. 教师角色转换的心理困惑

信息技术辅助英语教学，使得教师的教学环境、教学方式、社会生活方式及社会关系等都发生了变化，这些变化的根本来自教师角色的历史性转变，教师能否适应好这种角色要求和角色转变，必然会影响到教师的心理与行为的改变和适应。教师的这种角色转换还会经历一系列复杂的心理以及行为的适应过程，如果出现不适应或行为选择不当则会对角色转换造成负面的影响。造成教师角色转换的心理困惑主要有以下三种。

（1）教师角色转换意识不强。

在信息技术与学科整合下的课堂教学，实际上就是将传统的以教师为中心的课堂转变为以学生为中心的课堂，教师不再是课堂的主角。这种课堂在某种程度上会威胁到教师的地位，使得教师在课堂上不得不将自己的一些主导权交给学生，由此必然会发生角色的转换。然而在实践中，很多教师特别是老教师由于传统教育观念太强，一时无法转换自身的角色，还墨守成规地坚守自己的教育方法，在面临新的教学模式和新的师生定位以及转换自身角色的时候会感到不适应，进而出现心理方面的困惑和疑虑，表现出焦虑以及对新的教学模式的无从下手。

（2）教师自身素质达不到要求。

有了信息技术支撑下的课堂教学要求教师对信息技术有一定的了解，能熟练地运用信息技术设备，同时将教育信息技术与学科知识进行融合，这就对教师的综合能力有新的要求。教师在对于知识体系的把握、思考的角度、教学的方式以及对于教材的二次开发和课程的深入研究等方面都能够体现出教师的综合能力。可是，相当一部分小学英语教师却往往局限于书本知识，造成知识框架不完整、不系统，并且鲜少能主动地对课本进行二次开发。这些现实问题与新教学模式下对教师的新要求形成了鲜明的冲突，教师自身的素质达不到要求而造成教师产生心理负担，进而使教师出现各种心理上的不适应。

（3）教师缺乏自信心。

传统的小学课堂上，教师只需要按照预定好的大纲和教案来进行，但在现代的课堂上，一方面由于新技术的引进增加了教学活动的多样性，另一方面由于学生接触信息技术的机会增多，有的学生甚至比教师还要懂如何操作信息技术设备，这在无形中增加了教师的压力，会造成很多教师自信心缺乏，不愿意甚至不敢运用信息技术来辅助教学。同时，教学中的新问题、新困境随时都会出现，这也需要教师灵活应变地处理教学的内容和进度，处理不当不仅会造成教学效果不佳，也会让教师有心理负担，长期下去就会缺乏信心。

以上三点是信息技术与学科整合下教师转换自身角色出现的主要的心理困惑，如何看待以及减轻教师在转换角色中出现的心理困惑对于强化教师角色转换的正面影响尤为重要，也对研究者分析教师角色转换以及提出对策有很好的指导作用。

（三）教师教学身份转变

1. 由课程执行者转换为课程研究者

教师在落实课标要求的同时，不能仅局限于被动地执行课程目标，应该主动地向研究者靠拢，由"教学型"向"教研型"教师转换。在信息技术如此发达的今天，更应该强调教师的主动性。这就需要教师能够做到如下几个方面。

（1）开发资源。

在现代化信息技术的支持下，搜集资料更加轻松，而开发教育资源的过程也是教师更新、拓展自身知识的过程。这里的开发资源，一方面要开发学校内部的现有资源，比如图书馆、实验室等，教师应根据课程的需要加以充分利用，另外，学生的认知、教学环境氛围、教师的灵感启发等都是宝贵的资源；

另一方面要开发校外的资源，比如在英语学习中，教师可带领学生参观科技馆、夏令营等，多让学生接触最真实的语言环境，拓宽知识面。当然，还要开发信息技术资源，多借助校内外的计算机网络、多媒体设施、生活中的通信设备等来优化英语教学。

（2）学会调整课程结构。

小学英语教材都是教育部审核通过之后大范围使用的，只有少部分学校有自己研发的教材，但每个地区、每个学校的教学情况不一样，所以英语教师要根据实际情况调整课程的进度以及教材的难度和结构。并且有了信息技术的辅助，这种课程结构的调整相对会变得容易一些。

2. 由教学活动主导者转换为参与者、促进者

在传统的英语教学活动中，教师往往根据自身的经验设计活动，并让学生按照自己预设好的教学进程进行活动，在整个活动中，学生缺少主动权，但是在信息技术的辅助下，教师有机会设计更有趣、更丰富的活动，这也就要求教师主动参与其中，才能真正感受教学活动的可行性，如遇到突发的问题，还能及时找到解决办法，确保整个活动的顺利进行。这就需要教师具有以下几方面能力。

（1）提高灵活应变能力。

处理突发情况的能力能够反映出一名教师的专业素养，教师从主导者转换为参与者、促进者，应在平时的教学管理中就加强对学生的了解，并且应锻炼自己的心理承受能力，遇事不紧张不慌乱。在课堂参与活动时，对于学生提出的自己预料之外的问题应平静对待，以免打乱整个教学节奏。

（2）创造性地设计教学活动。

传统的教学活动因环境、设备、教具的限制，开展起来有一定的难度，而现代的英语教学由多维度的目标组成，所以教学活动要有多样性。创造性地设计教学活动不仅能调动学生的参与热情，而且教师在参与的过程中还能多维度地促进教学目标的达成。

3. 由学习的监视者转换为引导者、帮助者

在传统的教学模式中，教师容易把自己放在权威的位置，监视学生的一举一动，使学生始终对教师敬而远之。但是如果要在信息技术辅助教学下强化教师的引导者、帮助者角色，需要教师在人本主义学习理论和教育主体理论的基础上，一方面转变自己的观念，认识到自己和学生是平等的，才能更平易近人地帮助学生解决困难；另一方面创建一个积极向上的学习环境，师生关系和谐的课堂氛围，有助于教师在课堂上循序渐进地引导学生吸收新知识，解决问题。

4. 由知识传授者转换为知识体系建构者

在信息技术的发展下，传统的知识传授者势必不能满足新模式下的新要求，而帮助学生建构知识体系是现在以及未来教育模式发展的趋势，而且小学英语又是一门新语言的起始阶段，教师要想扮演好这一新角色，首先自己要有坚实的专业知识基础，所以教师要不断夯实自己的专业基础，才能为建构知识体系做铺垫；其次要理清自己的逻辑思路，能够有理有据地建构一个科学的知识体系。

对于强化认同小学英语教师的角色转变，不仅是以上提到的几点对策，此外，需要教师加强自己的信息技术能力，转变陈旧落后的教育理念以及提升良好的心理品质，这些都是应对这种角色转变中不适的策略。

三、信息技术环境下小学英语教师信息素养

（一）小学英语教师信息素养结构

祝智庭和何晓玲对教师信息素养从不同方面进行了论证。祝智庭将信息素养分为五个方面四个层次，而何晓玲针对教师信息素养的结构体系进行了详细论述。鉴于以上认识，本书将小学英语教师的信息素养定义为教师基本信息素养、英语教学信息素养和教师自主发展信息素养。

1. 教师基本信息素养

（1）教师的信息意识。

教师的信息意识是指教师对信息认知的敏感度，尤其是对与教育教学相关的信息的认知敏感度。主要包括：对信息的态度、对信息有正确的认识、能掌握知识、主动接触新的信息技术、将信息技术应用到教学中、为教育教学服务。了解和认识教育信息化、教育改革的重要作用，积极利用信息技术对各种信息进行辨别，积极将与信息相关的技术知识融入工作、生活和学习中，积极地学习和熟练掌握新的现代信息的相关知识和技能。

（2）教师的信息知识。

教师的信息知识是指与信息相关的所有理论、知识和方法，是信息素养的重要组成部分，主要包括我国传统信息技术文化在教学中的读、写、算的能力。在这个信息时代，只有教师具备快速阅读的习惯和能力，才能从浩瀚的现代信息知识海洋中学习和获取有价值的知识和信息。教师信息技术基础知识主要包括掌握信息技术的理论知识、信息技术的基本性质及其特点、掌握计算机信息的基本应用方法和原则、信息技术与课程整合的相关理论等。信息技术知识，包括操作系统、应用软件安装和使用、计算机工作原理、计算机硬件和软件等计算机基础知识；它还包括网络建设知识、网络信息检索、多媒体应用软件的使用等网络和多媒体知识，以及信息法规和伦理知识。

（3）教师的信息能力。

教师的信息能力是指教师在教育教学过程中能有效地利用信息设备和资源来获取信息、加工处理信息和迁移信息的能力。信息能力主要包括以下几个方面。信息工具的基本操作能力，硬件能力方面，能够操作使用各种信息设备（如多媒体计算机、投影仪、幻灯机、录像机等），并能进行简单的维护；软件能力方面，能够熟练掌握使用日常的教学辅助软件工具。获取和理解信息的能力，教师可以利用信息工具从众多的信息来源中获取所需的、有价值的信息，识别信息的本质。具有开发和利用信息的能力，教师可以在获取信息的基础上，培养从新的角度或新的层次设计信息的能力，从而"为我所用"，为自己的教学服务。信息技术与课程整合能力，教师可以运用系统的方法，在教学理论的指导下，结合教学主体，通过对不同信息媒体的优化组合，最终达到一种高质量的信息技术教学效果。

（4）教师的信息伦理。

信息伦理是指"个人在信息活动中的道德情操，能够合情、合理而且合法地利用信息处理个人和社会所关心的问题，使信息产生合理的价值"。信息时代，信息资源的获取变得更加便捷，但是这种便捷往往也容易引发诸多的问题。因此，小学英语教师一定要自觉地尊重和遵守与个人的信息伦理活动密切相关的信息伦理道德和相关的法律法规，自觉地抵制各种不良的作品和信息。英语教师要自觉尊重别人的集体劳动成果和对信息的知识产权的保护，没有经过他人的同意不要随意地使用别人的作品和信息，在引用别人发表的文章或者作品内容时要注意标明出处。

2. 英语教学信息素养

（1）英语学科信息素养。

英语教师要接受系统的英语学科知识教育，不仅能获取常用的教学资料，还能够通过浏览英语网站、专业书籍、报纸等获取有关英语专业的知识，这是至关重要的。在日常教学中，要能够深入研究各种教学资源，全面掌握和整合英语教学内容，突破英语教学重难点等问题。

（2）获取教学信息素养。

英语教师获取信息的方式主要有两种：一是通过网络搜索获取教学信息；二是通过教研同事获取教学信息。本书认为，在教育信息化背景下，获取教学信息的能力是评价教师信息化教学能力的标准之一，教师获取教学信息素养的高低很大程度上会影响课堂教学效果。由此可见获取教学信息素养的重要性。

（3）信息技术应用素养。

信息技术应用素养指教师能够利用信息技术，将信息技术与英语学科内容整合。此外，信息技术还可以广泛用来制作和展示英语教材，创设英语教学情境，丰富现代英语教学的形式，以新的教学方式呈现英语教学内容，优化英语教学方法。

3. 教师自主发展信息素养

教师的自主发展过程就是不断地通过学习、实践、研讨、反思去领悟和获取自主教育真谛的一个过程。对于一名教师来说，自主学习、自我完善、自我提升和自我超越是特别重要的。学习、研究与反思等是构成教师自主发展的核心要素。基于教师自主发展的内涵，结合当前的信息化时代背景，本书认为，小学英语教师应具备的自主发展信息素养主要包括科研信息素养以及终身学习信息素养。

（1）科研信息素养。

为了有效促进自身的信息专业技术发展，教师必须首先具有良好的科研能力和信息技术素养。本书认为，教育信息化背景下的小学英语教师要以信息技术为支撑，及时搜集自身专业发展所需要的科研信息，快速分析信息的利用价值，创新性地应用信息来进行教育科研活动，当然，教师在科研过程中必须遵循一定的道德行为规范。信息技术拓展了英语教师科研信息素养的提升空间，教师科研交流方式发生了深刻变化，教师科研课题范围得以大幅度延伸。例如，随着电子书包应用于小学课堂，基于电子书包教学的实践探究引发了广泛关注，这些研究课题的开展既为教师提供了机会，又对教师提出了挑战。

（2）终身学习信息素养。

终身教育思想是未来信息化社会的重要组成部分，社会中的每个成员都要不断学习，学会认知，学会做事，学会合作，学会生存。随着全球一体化进程的不断加快，英语作为获取信息的重要渠道，在政治、经济、科技、教育等各个领域的工作中发挥着越来越重要的作用。教育信息化的发展对英语教师提出了明确要求，不断学习、自主发展是每个顺应时代发展需要的英语教师必须具备的基本品质，而信息技术的发展使得教师随时随处可学，为真正实现自主学习、个性化学习提供了无与伦比的便捷。比如教师通过网络课程和远程教育手段进行学习，小学英语教师要根据英语学科理论研究进行反思和创新，成为学科的佼佼者。

（二）提升小学英语教师信息素养的策略

1. 政府与教育主管部门的对策

（1）深入开展校长信息化领导力培训，增强信息意识。

随着教育信息化的发展，如何提升学校信息化领导力来带动教师信息素养的发展成为教育教学改革的热点，而提升学校信息化领导力的关键人物是校长。中华人民共和国教育部 2018 年 4 月出台的《教育信息化 2.0 行动计划》中指出，要开展校长信息化领导力培训，全面提高各级学校管理人员的信息素养。由此可见国家对校长信息化领导力的重视程度。什么是校长信息化领导力呢？校长信息化领导力是信息技术管理能力、领导管理能力相互融合的一个产物，主要包括校长信息技术应用的能力、信息化专业战略规划的能力、信息化专业管理的能力与校长教育信息化绩效评估的能力四个关键方面。

就目前而言，校长信息化领导力现状不容乐观。校长对信息化的意识和信息技术应用能力的欠缺、缺失信息化教学发展的规划、信息化教学资源建设的认识和能力不足、信息化的沟通不善以及校长忽视信息化教学评估的信息化激励和引导作用。

改善校长信息化能力偏低的现状要从外力和内力两个方面入手。首先，校长自身必须要不断更新信息化观念，增强对信息化的意识，通过不断的学习增加所掌握的信息、知识，提升自身的信息应用能力。其次，教育管理部门要广泛而深入地开展校长信息化领导力培训，增强培训的实效性。小学校长的培训一直以来存在不少问题，从信息化培训教学模式的角度来看，我国小学校长的培训大多是由教育行政管理部门统一组织制定信息化培训的教学大纲，统一组织编写信息化培训教材，统一组织编制信息化培训教学计划，并统一组织实施信息化培训，这种培训容易忽略校长信息化领导水平的差异，忽视不同学校信息化建设和教育教学的实际水平，导致理论无法指导实践的局面。以上两种情况会造成培训效果不佳，因此，要不断扩展校长信息领导力培训的规模、创新校长信息化领导力的培训模式，以增强培训的实际效果。

（2）切实提高学校教育信息化投入力度。

教育事业信息化建设发展过程所需的信息化基础设施和信息技术资源的建设，需要信息化资金投入的支持和保障。我们可以这样说，资金是否充足是教育信息化发展的重要指标。笔者通过研究了解到，政府与教育主管部门对学校信息化硬件建设有一定的投入力度，以确保学校开展信息化教育教学的基础性条件能够达标，然而学校信息化建设也凸显出一些问题：学校硬件设施利用率不高、软件环境建设不到位，与不断优化的硬件设施相比，信息化软件资源的建设严重滞后。造成这种局面的重要原因是信息化建设资金投入不足。面对学校信息化建设凸显的问题，政府与教育主管部门要切实落实国家关于财政教育经费可用于学校购买信息化资源和服务的政策，积极鼓励企业对学校投入资金，实现多元投入、协同发展。政府和教育主管部门要确保学校信息化软件资源的建设，来推动学校网络学习空间、学校教育资源公共服务平台和教育管理公共服务平台的持续建设，创新学校教育、教学、管理模式。

2. 学校层面的对策

学校本身就是信息化教育的重要基础设施和运营地，所以如何培养信息化教师的专业信息技术素养，校方是其关键所在。因此，学校方面应该从以下几点策略出发以提高小学英语教师的信息素养。

（1）完善并提高相应的硬件设施。

在现代化的学校中，要求教室拥有一套诸如电子白板之类的现代化教学设施，教师才能够可以充分发挥其学习和使用现代信息科学技术的兴趣和能力，学校还需要安排专人及时地对设备进行检修和维护。另外，有教师反映，在学校的时候，如果想查阅某些教学资料，学校的机房根本就没有连接互联网，所以，作为教育部门，应该为学校提供必要的机房并连接互联网。教育部门应该提供资金支持，为教师的办公室安装计算机并连接互联网，方便教师的教学和教研。

（2）提供良好的信息环境。

学校要努力改善学校的各种信息设备，为教师提供良好的信息环境，有效利用政府资金，不断增加信息设备的投入，改善学校的硬件条件。比如，应该对校园网等信息化基础设施的维护和建设工作给予足够的支持和重视，保证各种基本的信息设备的质量，为小学英语教师的教学和科研以及信息技术素养的培养工作提供良好的信息化环境和其他有利条件。

（3）校园网络建设。

校园网络建设是推进学校教育信息化工程建设的重要基础和技术平台，也是教师与学校内部、校与校之间信息沟通交流的重要平台，学校内部要努力尽快实现信息在校园内全覆盖。在此平台之上，教学、学校公共服务的管理、学校的行政组织管理等工作才能真正充分发挥迅捷的校园网络优势。因此，学校的领导和教师要高度重视整个校园信息化网络的基础建设，建立一个功能全面的综合性学校信息化网站，提供优质的网络信息资源。迅捷的校园网络建设会给学校和教师的工作和教学生活带来极大的便利。因为所有的教师和学生都连接到了校园网之后，通过连接网络的终端可以及时高效地获取到所需要的信息资源，进而对信息资源进行利用，从而提高信息素养水平。

（4）办公室信息化建设。

除了校园网络之外，还应该重视办公室的信息化建设，据笔者所调查的学校情况，学校教师办公室里面仅仅有几张办公桌，而没有配套的打印机、传真机等信息化办公工具；学校的打印机是专人负责，教师在日常工作时，如果需要打印东西，需要找学校的相关工作人员，非常麻烦。当需要集体打印东西的时候就会显得很不方便，也导致教师缺乏信息化设施的应用能力。相关教育部门应该加大投资，为小学教师的每一个办公室里配备一台打印机等办公室信息化设施，以备不时之需。

（5）信息中心建设。

在各个小学都成立信息教育培训中心，该信息中心主要负责信息化相关网络软件的培训、网络操作技能的培训、数字化网络教学资源的整合开发、校园信息化网络的组建、硬件设备的维护等。在该教学信息中心的负责下，要努力确保将学校学生的学习信息点进行更好地自我延伸且达到校园的每个大小角落，使学生的学习充分地自我融入并达到课堂教学、教务管理之中，发挥教育信息化的最大作用。

3. 完善培训机制

教师成长与发展的重要途径主要有两个：一个是师范教育，另一个就是在职培训。对于那些师范类高校毕业的教师来说，在校期间学习过信息技术知识，参加过信息技术的相关训练；而对于那些教龄比较长的老教师来说，他们大多没有接受过系统的学习和训练。所以，此时的信息技术培训就成为重要推动力。但在实际培训过程中，存在着培训缺乏指向性的问题。因此，应该完善培训，增强培训指向性、有效性。

（1）完善校本培训。

校本在职培训形式是指在县级以上教育行政部门、教师任职培训中心等机构的统一组织规划和指导下，小学教师委员会组织和领导，教师的任职培训由教育部门自主组织开展，以提高学校的教学质量和办学的效益，促进中小学教师的专业发展和提高教师职业思想道德修养水平为主要目的的中小学教师校本在职培训的形式。

工作期间，教师一般参加完相关培训之后，很少有跟踪调查，加之工作任务的需要，回到学校紧接着进行教学，没有时间复习和反思，造成教师很快就将学过的知识遗忘。在笔者曾进行过的访谈中，A教师觉得在培训时学到的操作都记住了，可是不知怎的，回到单位又不知道怎么操作了。B教师说道："学校一年就进行两次培训，时间长了，培训的内容都忘记了，完全不会使用，这严重制约了教师信息素养的提高。"所以，如果有相应的校本培训加持，就可以进一步加深教师对培训内容的理解和巩固。在开展校本培训的时候，学校应该在能力范围内多组织教师接受正规的信息培训，制定合理的培训方案，形成良好、稳定的培训模式。根据不同年龄段、不同教龄的教师给予不同的在职培训，因材施教，可以对教师信息素养的提高起到强化的作用。

（2）适当补充远程培训。

远程培训有自身的独特优势。第一，在时间上相对比较灵活，教师可以自主选择在某一个时间段接受培训，这样的话，教师不用在时间上去做过多的统筹安排。第二，不受空间的限制。第三，网络远程培训可以照顾到教师的年龄和教龄因素。如果是现实培训，当主讲人讲解完知识之后，对于某些稍微难一些的知识，一旦老教师和长教龄的教师没有听明白，而又不想课下找培训者弄清楚，就得过且过了。但是在这种远程培训中，当培训完之后会有录播，在录播的界面中，教师可以选择"暂停"、"快进"或者"后退"，面对没有听懂的内容，可以多听几遍，直到真正理解为止。第四，在远程培训中可以进行即时互动。教师参加信息技术远程培训，需要下载客户端，然后输入账号、密码进行登录。在听课过程中，教师可以在对话界面输入文字与专家、学者或者同行进行交流，遇到不懂的问题也可以及时请教，这种即时互动的方式，也可以使教师信息素养的培训不至于太枯燥乏味。

（3）鼓励支持教师多参加信息技术应用能力培训。

对于上级部门下发的关于信息素养方面的培训，校长不能仅仅指派学校的教学骨干参加，而是要积极鼓励所有教师报名参加，采取多种措施调动教师的参与热情。为了培养和提高英语专业教师对信息技术实际应用的能力，需要充分了解一线小学的英语专业教师在教学中应用信息技术进行教学时需要什么样的信息技术或者哪些相关知识，通过定期要求不同小学英语专业的教师同时进行对信息技术的授课，让尽可能多的一线小学的英语专业教师参与到小学的信息化应用教学的过程中，从而了解到不同学科、不同学历、不同年龄、不同性别小学英语教师的信息技术应用能力，让培训更有针对性。

培训前对于已经培训过的小学英语教师的信息化教学能力的情况进行调查，同时还要了解小学英语教师的专业培训信息化需求，针对不同年龄教师的信息化需求分别进行培训和指导。只有完善培训内容，小学英语教师才能真正学习到适合信息化教学的相关知识，才能更好地应用于实践。在相关培训中，还要考虑到不同年龄教师的培训需求，为教师提供丰富的、个性的培训课程。针对不同年龄层次的教师，应该进行不同的信息化培训指导课程，既要包括针对小学英语信息化专业教学技术基础知识的实用性培训，也要包括针对信息技术基础知识和技能的创新性培训。总之，对于小学信息化英语教师的专业信息技术素养的提高，培训不可或缺。对于培训工作，应该从其指向性和有效性出发，让培训真正发挥出提高小学英语教师信息素养的作用。

4. 教师自身方面策略

（1）强化信息意识，更新信息观念。

2019年，中共中央、国务院联合印发的《中国教育现代化2035》明确提到要加快教育信息化对新时代英语教育的变革。其中提出要大力加快推进对数字化英语教育资源的整合和教育应用服务，促进教育信息化与英语教学的数字化互动和融合，在对教育信息化的教育服务基础上进一步构建相关的教学体系。小学英语教师的首要任务是要研究和梳理新时代英语的教学和知识体系，在教育相关的平台上应用先进的信息技术，建设和整合优质的数字化教育资源，形成开放的数字化教育资源和对教育知识的应用服务体系。

在基础教育阶段，对小学生进行英语教学的目的主要是培养和训练小学生基本的英语听、说、读、看、写能力，打好基本的语音、语调的基础，掌握一定的英语词汇和最基本的语法基础知识，培养基本的日常阅读和会话能力、拼写、阅读能力。同时注重激发和培养小学生学习使用英语的积极性和兴趣，使他们更加喜欢自己学英语、用英语，为他们继续学习英语打下初步基础。因此，在教师运用信息技术资源进行教学时，要注重培养学生的整体思维，促使学生在自主探究学习的过程中能够梳理学科知识体系，将散乱的学科知识串联整合起来，形成条理清晰的学科知识结构体系，在此基础上提升人文素养。

（2）掌握信息知识，提升信息能力。

教师需要及时为自己补充活水，想要对学生进行信息素养方面的教育，自身应该先有一定的知识积累。所以，小学英语教师应该积极地去学习相关的信息技术知识，提高自己的知识储备，在教育教学时才能对学生进行相应的教育。具体表现为信息检索方面的知识、计算机基础知识、Windows 基本操作、文字处理、数据库操作、常用办公软件操作，使用 PowerPoint 等软件制作多媒体课件，使用 Flash 软件制作网页等方面的知识，充分认识到信息化手段对教育教学的重要性，提高对信息素养的认识，加强学习，并将学习到的知识运用到教学之中。

（3）加强信息技术与英语课程整合的理论学习和实践探索。

信息技术与英语课程整合的研究效果对于英语教学的质量提高有着很大的作用和影响，也在很大程度上直接决定着英语教师的信息技术素养和教学水平的提高和发展。何克抗教授指出，当前我国对信息技术与课程整合的研究存在三个主要误区，"对信息技术与课程整合的内涵（实质）不了解"，即不了解什么是课程整合；"对信息技术与课程整合的目标（意义）不清楚"，即不清楚为什么应该对重要课程进行整合；"对信息技术与课程整合的方法（途径）不掌握"，即不清楚如何对课程进行整合。从实践调研以及课堂观察中都可以发现，造成信息技术与英语课程整合效果不理想的原因有三个：一是英语教师对整合的认识不够，即不了解信息技术与课程整合的内涵；二是英语教师对整合的积极性不足；三是缺少英语信息化课程资源。因此，必须提高课程整合效果，来提升小学英语教师信息素养。

（4）深化对信息技术与英语课程整合的理论认识。

信息化教学是以现代教学理论为基础，让信息技术更好地为教学服务的一种新型教学模式。它对英语教学的影响不仅是英语表面教学特征发生了变化，而是教学理念和信息化教学方法发生了更深层的变化。往往教师关注的是信息技术是否在英语教学中得以利用，然而更重要的是先进的教学理念和教学方法的形成。信息技术与小学英语课程的有效整合，要求教师必须以丰富的英语学科知识为支撑，不断学习先进的英语信息化教学的方法和理念，同时还要熟练掌握一定的英语信息知识和技术，将各种信息技术资源与英语教学互相整合，从而有效优化英语教学的过程，提高英语教学的效率和质量。也正因为有了这种文化认知能力做基础，英语信息化教师才更有可能转变态度，树立起新的小学信息化教学的方法和理念，积极地参与和进行英语信息化教学的探索和实践，提升自身的英语信息素养。

（5）努力创建优质的信息技术与英语课程整合资源。

信息化课程资源有四种类型：多媒体素材类、多媒体课件类、网络课程类、试题库类。其实，课程整合需要的教学资源有多种获取途径。教师可以搜集网上已有的资源，进行加工、创新为自己所用，确实找不到自己满意的教学资源时，教师就有必要去开发和设计相关教学资源，但往往比较耗费时间和精力。除了时间成本，部分教师也因为能力不足而难以制作出合适的课程资源。想要解决这一困境，首先，需要英语教师坚持学习和实践，不断提升自身的基础信息素养和专业信息素养，提高自己开发和设计多样教学资源的能力，例如音频、视频、动画等。其次，需要发挥教研组的整体力量，组织英语教师集体备课，安排组内英语教师承担不同的信息化教学设计任务，实现学校信息化英语教学资源的共享，这样既可以有效减轻英语教师的工作压力和负担，又使教研组可以集思广益、碰撞灵感，提高教学效率。

（6）加强信息技术与英语课堂教学的整合实践。

信息素养具有普遍性、层次性、发展性、实践性和可操作性，信息素养的培养必须通过大量的实践操作来进行。因此，提升小学英语教师的信息素养需要在信息技术与英语课堂教学的整合实践中进行。随着信息技术的发展，英语教学的各种课型都可以与信息技术进行整合。以英语听说课为例，信息技术与英语听说教学的整合就是以学生的学习过程为载体，将传统和现代的信息教学技术更好地融入小学英语的听说课堂教学，不断丰富听说教学内容，增强学生对学习的兴趣，活跃学生的思维，提高学生快速准确捕捉信息的反应能力以及口语表达能力。

第一，课程整合的开展必须在信息化环境中进行，无论课前、课中还是课后，都需要完善的信息技术做支撑。教师在课前要利用信息技术为英语教学做准备，搜集合适的教学资源，做好每一步的教学设计，策划好每一步要使用的信息技术；学生要利用信息技术做好课前准备工作，比如完成课前预习任务。课中，教师利用信息技术展开课堂教学，包括创设学习情境、引领学生进行小组活动、当堂达标练习以及对学生的及时评价；学生利用信息技术进行小组活动、展开讨论交流、收获学习反馈。课后，教师利用信息技术进行教学反思，将自己的经验得以保留。总而言之，小学英语教师在教学设计、教学过程以及教学反思中都要不断提升自身的信息素养。

第二，课程的整合要充分满足教师和学生的各种个性化学习需求，突出教师和学生的主体性作用和地位。其中信息技术与英语课程的整合要以教师和学生的需求为中心，满足教师和学生不同年龄层次的个性化发展和学习需求；要以学生实际问题为研究中心，利用信息技术进行创新性地解决问题；学生的学习过程必须是协商、合作的。小学英语教师在进行信息化教学时，要及时解决学生出现的困难，不断创造愉悦的课堂体验，提高整合效果。

本章小结

本章的研究成果为缩短两类教师课堂教学行为的差异提供一定的借鉴，为普通课堂教师的自我诊断、自我调控提供事实依据，为普通课堂教师的职业成长提供指导。同时为信息技术环境下教师使用技术辅助教学过程中对技术的选择与使用提供参考。

第五章 信息技术环境下小学英语整合模式路径

一、信息技术环境下小学英语整合基本策略

信息技术与学科课程教学的整合，标志着教育思想的深化和发展，彰显着教育促进个体全面发展的目标，折射着教育本身的不断整合与完善。信息技术与小学英语课程教学的整合，就是要通过小学英语课程将信息技术与小学英语教学有机地结合起来，将信息技术与小学英语课程的教与学融为一体，将信息技术作为一个基本要素融入小学英语课程教学中，用以改变小学英语课程传统的教与学模式，提高小学英语课程教与学的效率，改善小学英语课程教与学的效果。

（一）信息技术与小学英语整合的基本模式

将信息技术与小学英语课程教学进行有效整合，就是要构建一种既能发挥教师主导作用又能充分体现学生主体地位的以"自主、探究、合作"为特征的教与学方式，从而把学生的积极性、主动性、创造性比较充分地发挥出来的新的教学模式。这种新型教学模式的构建应该根据小学英语课程的特点，根据小学英语课程的教学内容、教学目标、教学对象及教学策略来实施，找到信息技术与小学英语课程整合的切入点，并结合小学英语课程教学的各个环节来构建既能实现信息技术与小学英语课程整合，又能较好地体现新型教学结构要求的新型教学模式。

当前，建构主义理论影响日益广泛，使学习过程中学生的主体作用的发挥日益受到关注和重视。随着信息技术的广泛应用，信息技术在很多方面都能够服务于学科课程的教学，都能够促进学生在学习过程中主体作用的发挥。在信

息技术与小学英语课程教学整合的实践中，最值得深入研究和探索的突出学生主体地位的创新学习模式主要有以下两种："研究性"学习模式和"协作式"学习模式。

1."研究性"学习模式

"研究性"学习模式也叫"探究性"学习模式。研究是指探求事物的真相、性质、规律等。研究性学习是指学生在教师的指导下，以教材等为学习载体，运用科学研究的步骤和方法，从学习内容中选择和确定研究专题，自觉主动地获取知识、应用知识，进而解决问题，以逐步培养独立思考、善于发现、勇于创新的实践能力。研究性学习是一种新颖的教学方法，强调"在用中学""在解决问题中学"，是对传统"填鸭式教学""问答式教学"的革新，充分落实了学生的主体地位，极大地培养了学生创新能力。

"研究性"学习模式是以问题研究和问题解决为中心，学生在教师提供的学习资源和指导下，基于现代化的教学环境，进行调查、自主探究的学习活动。在这种学习活动中，英语教师呈现给学生的是一个特定的假想情境，一项有趣可行的学习任务。在小学英语课程教学中教师为学生提供完成任务所必需的资源，给予学生方向性的引导、过程中的指导，并向学生展示学习结束后的评价方式，要求学生通过信息的收集、分析、认知加工和处理，创造性地得出问题解决的方案。

2."协作式"学习模式

"协作式"学习模式也叫"合作式"学习模式。协作是人际关系的基本形态之一，是两个或两个以上的个人或群体，为实现共同的目标同心协力的行为。协作学习是指多个学习者对同一问题用多种不同观点进行观察、比较、分析等交互活动，这些活动是深化问题理解、知识的掌握应用、人际关系技能和高级认知技能的获得等目标学习的外部条件，协作学习对于培养学生的创新能力、合作交流能力、自尊自强能力具有非常重要的意义。

协作学习是一种非常重要的学习模式，协作学习是以创设问题情境为前提，将学生的学习过程看作交往过程，通过师生间的平等合作达到问题的解决和学生个性的自我实现，从而提升整体学习效果的活动。在"协作式"学习模式中，学生是知识的主动建构者和应用者；教师是教学过程的指导者与组织者，意义建构的促进者和帮助者；信息所携带的知识不再是教师传授的内容，而是学生主动建构意义的对象（客体）。

信息技术与小学英语课程教学的整合，为小学英语课程教学提供了一个全新的教学空间，使英语教师能够通过文字、声音、图片、视频以及虚拟现实技术将丰富多彩的外部世界在教学的时空范围内展现出来。信息技术与小学英语课程教学的整合，引发了小学英语课程教学思想、教学模式和教学方法的变革。就教学模式而言，信息技术在小学英语课程教学领域的广泛应用，促进了"研究性"学习模式和"协作式"学习模式的进一步深化和发展，为小学生学习英语提供了更加优越的学习环境、更加充实的学习资源、更加便利的学习条件，创造了更加自主的学习空间，有效促进了小学生学习的主体意识，培养了小学生的创新思维，加强了素质教育的实施。

（二）信息技术与小学英语整合的具体模式

建构主义理论认为，教师要由知识的传授者、灌输者转变为学生主动建构意义的帮助者、促进者，这与研究性学习主张的以学生为主体，教师是学生研究性学习过程的重点引导者、帮助者、组织者、促进者的观点基本吻合。信息技术与小学英语课程教学的整合，为英语教师改变传统的英语教学模式和个体在教学过程中的角色，提供了更为便利的条件。一方面，教师将信息技术应用于课程教学过程，不但能够有效提高课堂教学效率、激发学生的学习热情、提升教学效果，而且能够促使教师逐渐从知识的传授者变为学生学习活动的设计者、组织者和促进者。另一方面，利用信息技术不但能够促进学生进行自主研究学习和协作学习，加强学生的创新能力，而且真正体现了"以学习者为中心"的教学设计理念，促进了教学思想和教育理论的变革，符合现代建构主义教育思想。

1. 基于信息技术的"情境探究"模式

这一模式是基于网络信息以及其他信息资源，通过对小学英语课程教学设计和教学资源重组而构建的"以情境探究"为中心的教学模式。该模式要求小学英语教师在将信息技术运用于小学英语课程的教学活动时，需要充分利用信息技术的声音、图像、视频、音频等资源优势创设课堂学习情境，使信息技术与小学英语课程教学的每个环节都能达到有机结合，促进学生在教学活动中主动学习。该模式的教学设计基本上可以分为四个环节。第一，导入情境。根据小学英语课程教学目标和教学内容，利用多媒体课件创设不同类型的适合于学生的学习情境，让学生在学习情境中进行观察、思考、操作。第二，提出任务。英语教师引导学生在教学情境中围绕学习任务进行观察、体会和思考。第三，验证效果。学生围绕教学任务进行交流、协商和讨论，以检验个体的任务完成情况。第四，自测评价。重新展示学习情境，指导学生进行自测评价，了解学习效果。

2. 基于信息技术的"合作探究"模式

这一模式是基于网络信息以及其他信息资源，通过对小学英语课程教学设计和教学资源重组而构建的"以合作探究"为中心的教学模式。该模式要求小学英语教师在将信息技术运用于小学英语课程的教学活动时，需要充分利用信息技术的声音、图像、视频、音频等资源优势支持小组合作学习。该模式的教学设计基本上可以分为五个环节：目标认定—自主学习—展示交流—点拨升华—作业反馈，"五环节"教学模式实质包括了"预习—展示—反馈"三个阶段的教学流程。第一阶段：预习。学生按照自学提纲中教师预设的问题和自学指导，进行独立思考，必须由学生独立自主完成，从中发现问题，并对这个问题进行深入思考，提出自己的假设，然后为自己的假设寻找证据支撑。第二阶段：展示。让学生之间进行讨论和交流，通过思维碰撞、智慧选择，实现问题的解决。展示的形式有：一是全员展示；二是部分学生讲析解决问题的思维方式和过程；三是少部分学生的质疑对抗和问题的生成解决；四是优秀学生和教师对疑难问题的点拨。第三阶段：反馈。在前述两个阶段的基础上，让学生进行作业练习，通过从学生英语作业完成情况中获得的反馈信息，检验和评估课程教学的效果和质量，同时为下一教学环节的顺利实施打好基础。

3. 基于网络技术的"协作学习"模式

这一模式是基于网络技术，在小学英语课程教学活动中充分发挥网络的优势，通过将学生组成不同的学习小组，以网络作为沟通平台开展某项主题而构建的"以协作学习"为中心的教学模式。该模式是一种充分发挥信息技术的优势的教学模式，学习活动不受时空限制，学习者充分利用信息技术工具开展探索研究，协同学习，实现了学生与学生之间、学生与教师之间以及学习者和学习媒介之间的互动，是一种学生之间互助合作、共享资源、共同完成任务的学习方式。该模式的运用，首先要求英语教师根据学生的认知技能、知识基础对学生进行合理分组，合理分组是协作学习顺利开展、获得理想效果的前提条件。其次需要英语教师根据教学内容选择恰当的教学方式，并能在具体实施中做到扬长避短。最后由英语教师对每个协作小组的学习情况进行多元评价，并进行资源积累以实现资源共享。

4. 基于网络技术的"自主学习"模式

这一模式是基于网络技术，在小学英语课程教学活动中通过教师设计学案进行"导学"，让学生基于专题学习网站或专题学习工具，借助计算机和信息资源进行自主学习。运用该模式时，英语教师首先要在开展自主学习前，让学生明确学习目标和学习任务，了解学习环境和学习方法，然后根据小学英语课程教学的内容和学生信息技术的能力以及学生的学习特点和学习习惯设计教学活动、选择教学资源，要精心选择适合于学生认知特点，并能激发学生学习兴趣的学习工具。同时，教师应将英语课程教学的内容上传到教学网站的专题学习模块，并将学习目标逐步分解为循序渐进的学习问题，进而针对学生的学习难点和学习重点设计一定的学习提示或学习帮助，为学生进行自主学习提供支持和帮助。学生可以按照教师的教学计划安排自由掌握学习时间，自由选择学习内容，利用教学网站的学习专题或资源库的模块提供的素材进行专题学习。教师和学生可以在网上进行交流，对学生在英语学习中的问题进行咨询、答疑、辅导，给学生提供学习的建议。

二、信息技术环境下小学英语整合基本方法

信息技术与小学英语课程的整合，并不是简单地将信息技术应用于小学英语课程的教学领域，而是要实现信息技术与小学英语课程在较高层次的融合，这就要求必须改变传统的将信息技术作为单一的教学辅助的工具的教学观点。而是要运用信息技术创造数字化的教学环境和学习环境，让信息技术成为学生强大的认知工具，构建"以学生为中心"的教学活动，创设条件让学生最大限度地接触信息技术，促进学习方式的转变，创设引导学生主动学习、自觉学习、探究学习的情境，最终达到改善教师教学和学生学习的目的。

美国著名的应用语言学家 H. D. Brown（1994）认为：教学应该由一些方法作指导，而不是依赖单一的、固定的某种教学方法。将信息技术应用于小学英语课程的教学领域，实现信息技术与小学英语课程教学的有效整合，也需要遵循一定的方法。

（一）主体交互方法

教学主体是实现信息技术与小学英语课程教学有效整合的关键。实现信息

技术与小学英语课程教学的有效整合，需要充分发挥作为教的主体的教师和作为学的主体的学生在教学过程中的作用，实现教师主导作用与学生主体作用的积极交互，彻底变革传统的以教师为中心的教学结构，构建既能发挥教师主导作用，又能体现学生主体地位的"主导—主体"教学结构。信息技术与小学英语课程教学的有效整合，需要紧紧围绕新型的"以学生为中心"的教学结构的创建来进行。

首先，教师要改革传统的课堂教学结构，认清和处理好教师主导地位和学生主体地位之间的关系，二者应该协调和互补，一方面要充分发挥学生的主动性、积极性和创造性，另一方面也要充分发挥教师在教学和学生学习过程中的作用，对学生的学习进行正确的启发和引导。其次，信息化资源的建设要跟上，努力构建一个信息化的教学环境，为教师的教和学生的学提供情境创设、启发思考、信息获取、资源共享、多重交互、自主探究、协作学习等多方面的支持，来改变教师的教学方式和学生的学习方式。

（二）媒体择优方法

在将信息技术与小学英语课程教学进行整合时，要根据英语学科的特点，结合教学内容，正确处理好现实媒体和虚拟媒体选用上的关系。在教学过程中创设情境时，应尽量选用现实媒体，有现实媒体可以使用就尽量避免使用虚拟媒体。如果必须运用虚拟媒体，也应尽量做到虚拟媒体为教学真实服务。在小学英语课程教学中，对于较为抽象的教学内容，教师可以针对小学生形象思维较强的特点，利用信息技术的声、光、色、画等优势营造虚拟模式吸引学生的注意力，刺激学生的感官，如用图片、动画来激发学生的学习兴趣，从而把较为抽象的教学内容形象化，或者运用虚拟媒体把微观事物加以放大，以便于学生感知、理解。

需要明确的是，在小学英语课程教学中运用信息技术虽然能够帮助学生更好地理解掌握教学内容，提高学生的能力，促进学生学习方式的转变，培养学生的学习习惯。但是，在小学英语课程教学中，教师恰当精要的讲解、必要板书的展示和及时的操作示范等，都是计算机所不能完全替代的。如果教师在教学过程中过度运用信息技术，或者运用不当，就有可能导致信息技术的使用非但不能促进学生的心智发展，反而会脱离学生的认知水平和心理需求，影响学生学习目标的实现，信息技术与课程整合也就失去了基本的教学应用价值。因此，在信息技术与小学英语课程教学的整合过程中，需要处理好虚拟媒体与现实媒体的关系，充分认识到现实媒体在小学英语课程教学中的积极作用。在小学英语课程教学中，现实媒体的运用能够使学生在学习过程中获得更多的现实而直观的感受，使学生能有机会通过对真实事物和现象的观察和比较获得切身的体验，否则就会脱离生本教育思想。

（三）方法互补

在信息技术与小学英语课程教学的整合中，传统教学手段和现代教学手段各有优势、弊端，需要合理取舍，不可走极端。在利用信息技术时，教师要清楚信息技术的优势和不足。在教学过程中，现代化教学手段并不能代替传统教学手段所起的作用，因而，在充分发挥现代化教学手段的优势时，需要考虑运用现代化教学手段来弥补传统教学的不足，解决传统教学中不易解决的问题，真正实现传统教学手段与现代化教学手段的有机结合，只有这样才能收到良好的教学效果。

在信息技术与小学英语课程教学的整合中，整合的主体是英语课程，因而应以小学英语课程的教学目标为最根本的出发点，要避免在运用传统教学手段已能够达到良好效果的情况下，依然生硬地使用信息技术，甚至为了使用而使用，结果造成对信息技术过度的使用，不但无益于教学目标的实现，甚至很有可能影响课程教学目标的实现。所以，在将信息技术与小学英语课程教学进行整合时，一定要扬长避短，从实际出发，谨慎选用教学手段，既能活用信息技术之长，也能发挥传统教学手段之利，达到传统教学手段与信息技术手段的有效结合和兼用。

目前，许多教师在将信息技术与小学英语课程教学进行整合时，有过于重视信息技术的运用的现象，而忽视了传统教学手段的运用，结果导致小学英语课程教学活动变成了信息技术手段的展示。只有把现代化教学手段与传统教学手段有机融合，将信息技术与传统教学方法有机结合，使信息技术运用得恰到好处，才能充分体现信息技术的优越性。信息技术与课程整合不是简单的结合，也不是被动地融入，而是高层次的主动适应，在整合过程中，强调传统方法与现代手段的高度和谐与自然，最终达到改善教师的教和学生的学、有效培养创新型人才的目的。

（四）整体实施方法

在将信息技术与小学英语课程教学进行整合时，需要坚持整体实施方法。一方面要实现信息技术与小学英语课程教学活动的每一基本要素的整合，另一方面要实现信息技术与小学英语课程教学活动的整体融合，把信息技术与小学英语课程的教学内容、教学手段、教学方法、教学主体、教学环境等要素有机地融合为一体，从而实现小学英语课程教学理念、教学模式、教学方法等要素的全面革新。在整合中我们应该从学科整合的角度出发，树立一种宏观的学习理念，而不仅仅是简单地把信息技术作为丰富教学手段的一种工具。

教师应在实际教学中系统考虑教学活动诸要素和诸环节的相互作用，在教学过程中运用多种方式优化教学过程的各个环节，引导学生积极参与。学生在通过信息技术、多种学习策略和多种活动形式主动学习的同时，不断地将信息反馈给教师，教师根据学生的反馈，不断地对教学过程实施随机调控，达到和谐共存的状态。

三、信息技术环境下小学英语整合应注意的问题

目前，在小学英语课程的教学活动中，使用信息技术的现象越发普遍。与传统的教学方式相比，信息技术与小学英语课程教学的整合确实拥有传统教学手段无可比拟的优势，给小学英语课程教学改革注入了新鲜的血液，为改变传统的注重认知、灌输、封闭的英语课堂教学模式提供了新思路。然而，从众多城市小学信息技术与英语课程教学整合的现状来看，尚处在把信息技术作为一种教学辅助工具进行使用的层面，确实存在着不少问题。主要表现在如下几个方面。

（1）信息技术仅仅为简单教学辅助工具。目前，信息技术在小学英语教学中的运用，尚处在把信息技术作为一种教学辅助工具进行使用的层面。信息技术与小学英语课程教学还没有达到有效整合，还没有实现信息技术功能的整体发挥，还没有把信息技术融入课程问题的解决活动中，还不能从课程问题的解决出发，激发学习者的学习动机，因而还没有达到信息技术与小学英语课程教学的全方位整合。

（2）教师主导作用削弱。在信息技术与小学英语课程教学的实践中，不少教师追求形式多样的人机交互手段，结果导致教师的主导作用常常被削弱，而技术设备设施的演示成为整个教学过程的主导。在实际教学过程中，教师制作课件将大量的信息呈现给学生，电子屏幕替代粉笔加黑板，电子书替代教材，从单词、句子的书写，到录音播放、学生跟读都是借助于信息技术设备。在课堂教学过程中，有些教师甚至把授课的全部内容都展示在电子屏幕上，教师讲授的过程仅仅是在重复电子屏幕展示出来的信息。由于不少教师追求形式多样的人机交互手段，舍近求远，放弃最直接的面对面交流，或者转而让学生与冷冰冰的机器进行交流，或者自己对着电脑讲课。由于很多教师在教学策略和教学方法创新方面存在明显的不足，制作的教学软件内容僵化、形式单一，大多数只是传统教育思想、教学模式、教学内容和教学方法的电子化、声像化翻版，虽然在教学过程中教学内容的呈现图文并茂、生动活泼，老师在讲台上侃侃而谈，但是却很少考虑与学生的交互，学生从始至终都只是充当聆听者的角色。表面上看整堂课信息量大，学生反映良好，但实际上课堂教学几乎成了多媒体课件的展示课，教学也由原来的"人灌"改为更高效的"机灌"，结果导致教师与学生之间的交互和学生与学生之间的交互都非常有限。

而有些教师在平常的教学中，依旧采用过去的教学方式，仅仅是在进行教学比赛或听评课时，临时将信息技术运用于英语课程的教学活动中，用PPT课件代替黑板呈现教学内容。

本章小结

信息技术与小学英语教学的有效整合，是一项复杂的工程，其间牵涉方方面面的因素。信息技术与小学英语教学的整合过程，呈现一种动态的逐步完善的变化。随着信息技术在小学英语课程教学中的广泛应用，随着小学英语课程的教学理论和教学思想的不断发展，随着小学英语教师以及学生的信息素养的不断提高，信息技术、小学英语课程与作为教学主体的教师和学生的整合将日益紧密。目前，这种整合正在变革着传统的教育观念、教学思想、教学手段、教学方法、教学环境、教学方式、教学内容，正在促进小学英语课程教学改革的日益深入，正在促进小学英语课程教学方式的逐渐转变以及小学英语课程教学效果的稳步提升。

第六章　信息技术环境下小学英语整合模式教学途径

一、信息技术环境下小学英语语音教学整合模式

要想分析信息技术在语音教学中整合运用的模式，首先需要明确信息技术与语音教学的维度，以维度作为分析的切入点。下面以语音教学的目标、内容、方法、评价为切入点，分别分析信息技术在这四个维度中的整合运用模式。

（一）英语语音教学目标与信息技术整合的模式

1. 整合理念

根据课标，可以知道小学英语语音教学目标包括：了解字母或字母组合的拼读规律，尝试拼读符合该规律的单词发音；尝试运用所学的拼读规律拼读和记忆单词；了解单词有重音；了解英语语音包括连读、节奏、停顿、语调等现象。目前，几乎所有的小学英语教师在进行语音教学时都运用到了信息技术，这说明小学英语教师对信息技术与语音教学目标的整合表现出高度的认同。这是因为信息技术功能强大，为语音教学目标的实现提供了多种可能性。

小学英语教师认为信息技术可以通过音频和视频的嵌入给学生提供标准的发音，包括连读、节奏、停顿、语调等各个方面，给学生提供直接的生动的感受；信息技术还可以通过图片、声音、动画等构造出真实的语言学习环境，使得学生不仅能学到语音知识，还能提高其语用功能。

2. 整合水平

小学英语教师对信息技术实现语音教学目标的整合运用的水平是参差不齐的。经调查，笔者发现由于各方面的原因，部分教师的教学观念存在偏颇。有

些教师就把英语当成一门学科而非一种语言，这导致对英语语音教学目标把握不到位。通过观察成都市成华区智慧云平台上的20节课堂实录，笔者发现了专门的语音课有9节，其余11节课都是将语音课融入每个单元的 Lesson 3 部分，而且除了人教版英语（一年级起点）四年级上册的 Unit 4 *Asking for help* 中的"it"教学用了28分钟和人教版英语（一年级起点）四年级下册的 Unit 4 *Hobbies* 中的"ing"教学用了33分钟以外，其余9节课的语音知识教学只用不超过15分钟就完成了，甚至低于10分钟。对语音教学目标把握不到位会导致小学英语教师在语音教学中使用信息技术的意愿不足，进而影响教师对信息技术实现语音教学目标的整合运用的水平。

3. 整合特点

信息技术在实现小学英语语音教学目标的整合运用中的方式单一。教师在进行语音教学时主要是以多媒体为主，然后插入音频或视频，还有部分教师甚至没有制作或者使用教学课件，只播放教师用书上附带的教学 CD 来完成语音部分的教学。

（二）英语语音教学内容与信息技术整合的模式

1. 整合理念

小学英语语音教学的内容应包含3个部分：语音、节奏、语调。语音包括辅音和元音两大类，共44个。节奏教学的关键是解决重音问题。感知节奏在很大程度上就是感知重音。语调通常被称作语言的旋律，是表意最直接也是最隐晦的手段，它可以表达词汇无法表达的微妙情感。小学英语基本语音包括：26个字母读音，元音字母在重读开、闭音节中的发音，常见的元音字母组合和辅音字母组合在单词中的基本读音等。

小学英语教师对信息技术与语音教学内容的整合表现出高度的认同和倾向性。绝大部分教师在各单元具体的字母或字母组合教学中使用信息技术，这说明了信息技术与语音教学内容整合是极其重要的。从字母和字母组合来看，小学英语教师认为语音知识中字母或字母组合的发音教学是必须与信息技术相结合的，相对而言，语音的运用中，信息技术的作用就比较小一些。他们认为越需要模仿的语音知识，越需要信息技术的加持。

2. 整合水平

小学英语教师对语音教学内容与信息技术的整合水平整体偏高。通过调查，笔者发现几乎所有教师在教授任何一个单元的语音知识时，都将语音知识与信息技术相结合，这说明信息技术在语音教学上的应用是很广泛的。

3. 整合特点

小学英语教师应用信息技术的倾向和水平与语音知识的重要性成正比。语音知识的重要性越高，小学英语教师应用信息技术的水平越高，也会更具有倾向性；反之，则整合的水平就越低，也不会具有倾向性。如在人教版小学英语（一年级起点）三年级下册各单元 Lesson 3 一课中，Let's Spell 共有四个部分，A 部分的内容是必须掌握的语音知识，也就是字母或字母组合的发音规律，教师往往在 A 部分会用更多的精力，使用更多的信息技术帮助学生掌握该部分内容，而对于 B 部分的单词、C 部分的句子、D 部分的歌谣，教师只将它们当作操练的工具，而不注重单词的重读、句子语调和歌谣的韵律等。

（三）英语语音教学方法与信息技术整合的模式

1. 整合理念

我国学者根据中小学语音教学模式和情况，提出了具体的教学方法。就目前而言，我国英语语音教学的方法，大致可归纳为自然拼读法、任务教学法、交际教学法、趣味教学法、三位一体法、模仿教学法、意群划分训练法、绕口令教学法、情境教学法、自主学习、合作学习。

小学英语教师对信息技术在语音教学方式中的整合运用的认同度偏高，但低于信息技术与语音教学目标、内容整合的认同度。这表示，大部分教师虽然认可信息技术在语音教学方式中的整合运用，但是二者整合是有一定难度的。许多教师在语音教学方法上运用得不是很娴熟，他们更愿意用传统的自己熟悉的方式进行语音教学，而不愿意花时间和精力去学习信息技术，去考虑如何将信息技术与语音教学方式整合在一起。小学英语教师倾向于将信息技术运用于任务教学法中，一方面是因为教师在语音教学中最常运用的就是这种方法，另一个方面是因为这种方法中可以使用的信息技术很简单，不用花很多的时间和精力进行设计，用简单的音频或视频结合口头提问或布置任务就可以达到效果。

2. 整合水平

从语音教学方法来看，将信息技术与语音教学方法的整合差异是明显的。教师将信息技术与任务教学法的整合的水平是最高的，作用也是最突出的。这反映了信息技术能很好地有效地运用于任务教学法中，例如在多媒体、交互式电子白板上展示相关画面、声音、视频等，都能起到很好的辅助语音教学的作用。

信息技术与情境教学法、自主学习、合作学习的整合水平就比较低。主要原因在于在这些方法中，需要教师了解足够多的信息技术和它们相应的功能，并能灵活地设计和运用。另外也需要提供足够的信息化教学资源，包括硬件和软件。当然，在一节语音课中，不能盲目地将信息技术与所有的教学方法整合，这样可能会浪费时间和精力。比如，当学生在课堂中合作练习所学的拼读规律时，信息技术在这种方法中的作用其实是不大的。

3. 整合特点

信息技术在语音教学方法中的整合运用方式单一、过程固化。小学英语教师在教语音知识时，使用最多的教学方法是任务教学法，信息技术在任务教学法中整合的水平也是最高的。因为任务教学法是教师使用最多的教学方法，教师对这个方法是最熟悉的，同时任务教学法中可以运用简单的信息技术就能达到很好的教学效果，这使得教师在进行语音教学时思维比较局限和固化。信息技术本来的作用之一在于让语音教学变得更加灵活自由且富有创造性，以促进学生的主体性和创造性的发展，但随着这样的局限固化地运用信息技术，会导致学生忽视信息技术的其他功能，思维被教师"牵着走"。

由此可见，教师进行语音教学的习惯和学校的硬件软件教学设施对信息技术在语音教学方法的整合运用方面有着很大的影响。

（四）英语语音教学评价与信息技术整合的模式

1. 整合理念

通过课堂观察和访谈，笔者了解到小学英语教师对信息技术在语音教学评价中的认同度是偏低的，且将信息技术运用于语音教学评价的倾向性也是较低的。因为大多数教师认为将信息技术应用于语音教学评价中的作用不是很明显，用简单的课堂评价机制，比如黑板上画星星或口头语言评价，不仅操作简单省时，而且激励效果也是非常好的。而且在课堂上考查学生的学习效果时，最佳的方式就是看词拼读、听词拼写、听词判断等传统方式，所以信息技术的作用不大，就算用也只是简单地运用音频即可。而对于教师的评价，教师们认为，多半是由学校领导或者其他教师对自己语音教学设计和教学过程的评价，或者自我反思，这个过程中信息技术的用处也不大，最多在研究课上需要录像设备帮助记录，以反复观看研究，但在平时课堂上确实用处不大。

2. 整合水平

整体而言，将信息技术整合运用于小学的语音教学评价中的水平是偏低的。这主要受教师在进行教学评价时的理念所影响，教师普遍认为在平时的语音教学中教学评价的主要方法是反思札记法、外部的综合比较法，当然在赛课和研究课时，会用到网络评课法和量表评价法，但赛课和研究课毕竟是少数的，更多的还是在于常规课。

3. 整合特点

教学评价方法本身的特点与信息技术在这些方法中的应用倾向关系是很密切的。教师很认同在观察教学录像法、网络评课法中运用信息技术，虽然教师平时使用这两种方法比较少。因为这两种方法本身就是依托信息技术进行的。

二、信息技术环境下小学英语词汇教学整合模式

参照 O'Malley 和 Chamot 的 CALLA（Cognitive Academic Language Learning Approach）模式的研究，整合信息课堂支持的信息技术环境特征及六年级学生词汇学习的特点，通过与授课教师的十余次探讨，本书尝试对信息技术环境下词汇学习策略培养过程中的各要素进行分解，设计了信息技术环境下小学英语词汇学习策略培养模式，该模式分为准备、呈现、实践、评价、扩展五个阶段。

（一）准备阶段

在准备阶段，教师在确定教学目标后，要事先知道学生对这一策略知识的了解程度和掌握水平。同时，检查学生对于接受这一新知识是否具有充足的前提积累。

信息课堂的资源推送、公告发布功能能够推送相关的预习资源并及时告知或提醒学生，使学生更加个性化地进行预习，为新知识的学习提供前提积累。教师利用信息课堂资源推送功能，将本课知识点、重点的单词、短语、预习检测、与课文相关的文化知识、英文歌曲等拓展性知识实现有效整合，通过课件、MOOC视频、测试题和网址等形式推送给学生，并群发公告提醒学生。其

中预习检测的形式不是固定不变的，常用的策略有运用习题、单词朗读、问答调查等。学生可通过微信根据自己的实际情况，反复观看教师推送的预习资源，调整自己的学习步伐。

信息课堂的不懂反馈功能，为教师了解每名学生对知识的掌握程度和水平，优化教学设计，实现精准教学提供便利。在预习遇到问题或疑惑时，学生通过问题栏提出，并对产生的问题或疑惑的PPT页面标记"不懂"进行反馈，进而完成课前检测。在这一过程中，教师根据学生前端分析的结论，合理选择并设计好所需的教学资源。学生可以归纳总结基础知识进行课前思考。同时，教师根据"信息课堂"数据即时反馈功能，查看反馈数据，调整课上重难点，优化教学设计，实现精准化教学，更好地帮助学生实现策略知识的意义建构。

（二）呈现阶段

此阶段是教师向学生传授具体词汇学习策略的阶段，主要开展词汇学习策略的导入、讲解和举例。

基于皮亚杰认知发展阶段理论，以六年级学生为例，其学习的感知性、无意性、情绪性比较明显，虽然初步具有抽象思维概括能力，但仍以具体形象思维为主。所以，在进行策略的讲授时，教师要充分发挥多媒体和信息课堂平台的优势，不断变换教学手段。信息课堂的弹幕功能，能够激发学生主动交流学习的热情，提高学生学习的积极性。同时，教师也能够及时掌握学生的学习情况。当学生没有听懂或有疑问时，可以利用信息课堂的不懂反馈功能，标记不懂的PPT页面。授课结束后，教师能够看到每名学生不懂的知识点，从而进行个性化讲解。

同时，信息课堂和多媒体可以整合各种类型的学习资源，吸引学生的注意力，激发学生的学习兴趣。例如：图片、动画、声音、游戏等可以激发学生的学习兴趣，来吸引小学生的注意力。例如：在讲授肢体感官类词汇时，教师运用感官记忆策略，通过耳眼手口等来协助记忆单词，利用动画《动作之歌》进行导入，既激发了学生的学习兴趣，又用肢体感官进行了单词的学习，紧扣本节课的教学重点。同时，根据六年级学生以具体形象思维为主的特点，教师要采用直观形象的教学手段并结合各种教具进行讲解和示范。

（三）实践阶段

根据 O'Malley 和 Chamot 的观点，学习的过程中，要实现从陈述性知识到程序性知识的转化。具体而言，这个转化过程就是练习与训练的过程，是实践的过程。在这个过程中，词汇学习策略逐渐地转化为词汇学习的能力。在信息技术环境下小学英语词汇教学整合的模式中，实践阶段主要包括学生对新知的练习与训练。

首先，学生通过互动讨论或项目操练实现对新知的训练和内化。在互动讨论时，信息课堂的弹幕功能可以创造更多平等发言的机会，拓宽课堂参与范围。学生可以对正在讲授与讨论的内容进行及时反馈与风暴式讨论，充分发挥学生的主体性。教师也可以针对讲授的策略内容，提出疑问，然后学生进行互动讨论。在讨论的过程中，师生利用信息课堂弹幕功能，学生可以通过发送弹幕或投稿的方式进行。教师要组织形式多样的策略项目操练（如组织答题竞赛、小组合作练习和游戏式练习等），多鼓励学生合作操练，培养学生的合作意识，促进学生之间形成良好的人际关系。

其次，随堂检测是学生运用并巩固知识的一种方式，是检测学生学习效果和教师教学效果的有效手段。信息课堂的资源推送功能，推送限时课上检测习题，可以及时检测学生策略使用的意识和策略使用水平。

最后，通过信息课堂的数据反馈功能，教师可以及时掌握每名学生的随堂检测结果和学习情况。利用信息课堂推送功能，向处于不同阶段的学生推送个性化学习资料。例如，向所有学生推送习题检测讲解 PPT，向随堂检测不合格的学生推送相关知识点的讲解和补充资料。教师推送策略项目习题作为课后作业，并通过信息课堂公告功能通知到每名学生。学生可随时获取、回答教师给出的作业和测验项目，以便教师检验教学效果，同时实现知识的巩固与内化。教师总结归纳学生的习题完成情况并利用信息课堂的实时交流互动功能与学生交流进行个别化辅导。

（四）评价阶段

评价阶段是指依据一定的教学目标，通过行之有效的技术手段，对学习过程和结果进行评定的阶段。本模式对学生的评价主要是采用既保有总结性评价又有机结合形成性评价的综合多元评价方式，二者依次对应学习过程评价和学习结果评价。

信息课堂的数据反馈功能反馈学生的学习数据，为更优质科学地开展词汇学习策略培养提供了可视化依据。在本书中，学生的学习过程评价主要参照信息课堂环境下学生的表现进行，教师对学生学习全过程进行回顾总结评价，主要包括课前预习数据、课中参与互动数据、在线随堂测试数据以及课后复习数据等。学生所有的在线学习情况都可以通过数据来表现，每个参与的学生都可以形成一个自己的学习数据档案袋，课上课下收集的数据反馈都可以作为学生词汇学习策略培养过程中的过程评价。学生的学习结果评价在整个培养结束后，进行本阶段的考核。学生针对评价进行总结反思，也可通过信息课堂报告教师功能，把更好的教学建议反馈给教师。

（五）扩展阶段

有效地拓展是课堂培养的适当延伸，能够提高词汇学习策略培养的实效，激发学生的学习兴趣。教师向学生推送相关策略的扩展资源，帮助学生把新知识整合到已有的知识框架中，让学生巩固内化策略的同时得到策略学习方向和程度的调整，让学有余力的学生扩展思维空间，扩充学生策略运用的范围，进而提升学生的策略使用的能力和水平。教师利用信息课堂的资源推送功能推送相关词汇学习策略的文章、视频、链接等，学生可与教师实时交流探讨。

本书所构建的信息技术环境下小学英语词汇学习策略的培养模式可用于本书中词汇学习观念、元认知策略、认知策略和社会/情感策略中能进行训练的显性项目的培养。由于无法进行显性训练，隐性项目的培养隐藏在显性项目培养的过程中，并主要靠教师不断地引导和监督。例如：社会/情感策略中合作策略和求助策略为隐性教学策略，教师主要通过准备阶段的不懂反馈功能，实践阶段的答疑讨论、合作练习等环节以及信息课堂的实时交流功能，拓宽师生、生生之间的交流渠道，对主动进行求助和合作交流的学生给予奖励等措施进行培养。又如，元认知策略中自我监控策略中具体项目的培养，主要通过信息课堂的数据即时反馈功能的外在监督督促学生进行自我监控。

三、信息技术环境下小学英语语法教学整合模式

将信息技术应用于小学英语语法课堂，使得学生在课堂中的位置得到转

变。在传统英语语法课堂上，学生被动接受知识。而在信息技术课堂上，学生成为课堂的主体，主动积极参与其中。这样的转变也带来了课堂体系的变化，需要将传统课堂以知识为中心、以教师教授为中心的体系转变为以学生为中心的信息技术体系。

（一）注重学生学习兴趣匹配度的提高

兴趣是影响学生英语语法成绩最重要的因素，随着将信息技术应用于小学英语语法课堂实验后，学生提高了对英语语法学习的兴趣，其英语语法成绩随之也会有相应的提高。信息技术在英语语法教学中的应用想要达到较为理想的效果，在信息技术的设计中一定要把握好学生的兴趣取向。

第一，在信息技术的形式设计上要充分考虑学生的兴趣。从信息技术在实验班的应用情况来看，学生对于信息技术中出现的动画视频、游戏环节较为感兴趣。结合小学阶段学生的认知发展特点，在设计信息技术时可以多运用动画视频。同样一个知识点的呈现，动画效果就比文字效果更能引起学生的兴趣。在5~10分钟的时间，应用信息技术至少出现一次动画视频，形式可以包括故事叙述、歌曲、儿歌等。一般会把它放在整段信息技术的热身部分，在一开始就吸引学生的注意力。还有些学生感兴趣的形式是游戏。游戏的本质是语法知识的巩固练习，只是换了一种形式将其呈现出来。比如将纯文字形式的连词成句加上动画的外衣，变成一列小火车，学生就会被其吸引。像这样的小游戏在信息技术应用中一般可以出现2~3次，在每次知识点讲解结束后作为巩固练习出现。

第二，在信息技术内容的开发上要充分考虑学生的兴趣。以译林版小学英语教科书为本，充分挖掘教科书内学生感兴趣的内容。教科书是教师设计教案的根本，也是学生学习的坚实基础。教师需要以教科书为源头，充分挖掘教科书中的内容，在此基础上进行合理的设计。译林版小学英语教科书有着丰富的人物，各个人物的性格也很饱满，与学生的实际生活也很贴合。但是，在涉及语法板块Grammar time中，就很少出现生活场景和人物对话，所以学生难免感到枯燥。考虑到这一点，教师可以将课本中原本存在的人物关系引入语法教学，将前面Story time部分的场景继续延伸到语法板块，将Grammar time进行重构。信息技术的设计中可以运用动画形象，将学生熟悉的人物形象引入语法，可以增强语法内容的吸引力。

（二）注重学生学习习惯匹配度的提高

将信息技术应用于小学英语语法教学作为一种新型的教学方式，不仅要求教师改变教学方式，同时也打破了学生原本的学习习惯。但是学生的学习习惯不可能一下子就改变过来，那就要求教师在信息技术的设计和运用上要契合学生的学习习惯。

第一，将信息技术应用于英语语法教学的目的是提高学生英语语法的学习效率，而不是增加学生额外的学习负担。首先，在时间上，信息技术的应用不能成为学生课后需要完成作业的额外负担。大部分教师会把信息技术视频作为课前预习与课后复习的作业来布置，那么教师就需要充分考虑应用信息技术进行预习与复习所需的时长是否与完成传统预习复习作业量所需的时长相当。应用信息技术进行学习任务单的设计可以将原来教师布置的预习作业融合其中，这样，学生在应用信息技术制作的视频的过程中既完成了普通的预习作业，又对接下来的学习内容有了充分的认识。其次，信息技术的设计要考虑到学生在传统课堂上需要完成的任务。信息技术设计中会出现大量练习题，尽管可能会以游戏等其他形式出现。但是，为了避免学生重复做同样的练习题，教师在信息技术设计中应尽量选用学生练习册中出现的习题，并不再重复布置。

第二，在信息技术辅助英语语法教学的课堂上，教师需要观察学生的学习习惯并及时作出相应的调整。在笔者曾经参与过的信息技术应用于教学的实验中，可以发现学生在课堂上对于小组讨论和提问环节非常感兴趣，参与度也很高。并且在随后的采访中，学生对这两个环节的反馈评价也较高。这说明这两个环节契合学生的学习习惯并且能够提升语法教学效果，教师在其后的课堂中对于这两个环节的安排可以增加次数，并且把较为重要的内容放在这样的环节中进行。在信息技术辅助英语语法教学的课堂上，教师还可以探索其他的教学形式。但是在新的课堂形式加入后，教师需要认真观察记录学生的反应，必要时课后随机采访得到学生的反馈，当发现新的契合学生学习习惯的形式时，在以后的课堂教学中可以再次出现。

（三）优化信息技术学习合作平台

1. 优化教师信息技术学习合作平台

大多数的小学英语教师对于将信息技术应用于小学英语语法教学的这个教

学方式还比较陌生，不论是对信息技术的认识还是运用都不够深入。优化教师信息技术学习合作平台首先要帮助教师全面认识信息技术；其次要组织教师学习应用信息技术的技能，组成信息技术研发团队；最后在课堂中运用信息技术时要做到灵活高效。

（1）促进小学英语教师对信息技术的全面认识。

信息技术的运用者是教师，因此，要优先从教师的角度出发提高小学英语教师运用信息技术辅助教学的能力，具体策略如下。

第一，小学英语教师要对信息技术有正确的认识，要能够体会到信息技术给小学英语语法课程教学带来的改变。一方面，小学英语教师要充分了解信息技术的概念，并且对应用信息技术的教学方法进行学习。只有这样，小学英语教师才能够更好地运用信息技术进行教学。另一方面，小学英语教师要认识到信息技术的特点，信息技术正是因为重点突出、趣味性强才深受广大小学生喜爱。

第二，小学英语教师要认识到信息技术之所以能够提高英语语法的学习效果，本质上是从信息技术的趣味性出发的。很多信息技术都是以生活中的趣味现象为基础的，通过解读生活中的趣味现象从而达到吸引观众的目的。应用信息技术对小学英语语法的教学也是如此，通过英语学习中的趣味事件带领小学生走进信息技术的情境之中。所以小学英语教师不仅要能够使用信息技术提高课堂的趣味性，同时也要吸取信息技术的思想，通过提高语法课程趣味性的方法来提升小学英语语法课堂教学的质量。

第三，小学英语教师要了解到信息技术以短小精悍的知识分割方法提高了小学英语语法的学习效果。相比于传统课堂的长篇大论，每一节应用信息技术的时间都是较短的，通常为5~10分钟。在5~10分钟的时间内，信息技术通过趣味性的方法针对重点知识内容进行解析，让学生能够在最短的时间熟悉小学英语语法的重点内容。恰好小学生注意力集中的时间普遍较短，传统英语语法课堂每节课时长为40分钟，对于小学生而言是很难集中40分钟注意力的。因此，小学英语教师要学习信息技术这种在短时间内释放关键知识内容的特点，同时能够在日常英语语法课堂中进行这样的改变。

（2）建立小学英语信息技术教学研发团队。

由于信息技术属于较为新颖的教学辅助方法，因此，现有的信息技术资源对于英语语法教学而言显然是不够的。与此同时，随着时代的进步，越来越多新的内容可以融入信息技术当中，所以，信息技术的质量和内容是需要不断地丰富与完善的。从学校的角度来看，可以建立小学英语信息技术教学研发团队，专门负责小学英语信息技术课程的研发。

一方面，由现有的教师团队组成小学英语信息技术教学研发团队，并且进行有效的分工。首先，所有的小学英语教师可以按照书本内容的设计情况来选择自己擅长的内容。其次，组织教师进修信息技术的研发和设计。信息技术的研发和设计有其特殊的要求和流程，专业的指导能够帮助教师更好地了解信息技术的制作与开发，尤其对于年龄较大的教师帮助更大。小学英语教师在应用信息技术进行设计时，可以选择自己制作的方式，也可以参考网上的相关资料。另一方面，外聘更多的英语教师来负责小学英语信息技术的研发。从现有的师资情况来看，小学现有的英语教师人数过少，目前每位英语教师需要承担近200名学生的英语语法教学任务，工作压力较大。因此，单单凭借现有的师资力量来承担小学英语语法信息技术的研发任务是不切实际的。学校可以对外招聘专业的英语信息技术教学人才。除此之外，学校也需要建立小学英语信息技术教学的人才培训体系。首先，在网上查找应用信息技术进行英语教学效果较好的学校，并且派遣本校英语教师前去学习相关经验。与此同时，英语教师也可以采用自己学习和小组讨论的方式强化自己的应用信息技术进行教学的方法。

（3）提高教师运用信息技术辅助教学的灵活性。

在小学英语语法教学当中，信息技术并不能够以主要的授课方式而存在，而是需要以辅助教学方法存在。所以，如何使用信息技术的辅助性就成为考查小学英语语法教师能力的关键因素。在信息技术运用上，提倡采用灵活的方法。

首先，位置灵活。信息技术由于所占课程时间较短、趣味性较强，因此可以出现在小学英语语法课堂中的任何时候。不过，从课堂教学的角度看，信息技术可以主要在三个位置出现，才能够体现最佳的课堂辅助教学效果。第一个位置是小学英语语法课堂的起始位置。由于小学生的注意力集中程度不佳，因此，在小学英语语法课堂开始时使用信息技术能够将小学生的注意力吸引到课堂当中来。第二个位置则是在学习较为枯燥、难懂的英语语法时。英语语法非常多，其中不乏很多晦涩难懂的语法知识，如果采用传统的教学方法则会降低小学生英语语法的学习效果。因此，将信息技术放置在这样的位置就能够起到关键的引导作用，既能够以趣味性的方式讲解晦涩难懂的英语语法知识，同时又可以提升小学英语语法的学习效果。第三个可以使用信息技术的位置则是课堂的中间，由于传统课堂的时间较长，如果小学生在枯燥的课堂学习时间较长，难免降低学习效果。因此，如果信息技术出现在小学英语语法教学课堂的中间位置，则能起到承上启下的积极作用。

其次，信息技术的出现形式灵活。信息技术是以网络和设备为载体的网络课程，因此信息技术并不会受到地域的限制。所以，无论是在课上还是课后学习中，信息技术都能够发挥积极的作用。英语语法的学习不仅要依靠课堂的内容，在课后也需要进行巩固与复习。老师可以布置课后观看应用信息技术的作业，这样既不会增加小学生课后作业的负担，同时也可以达到巩固英语语法学习的效果。

最后，运用形式灵活。信息技术大多数都是以视频的形式出现，英语教师也可以将视频中有趣的图片、有趣的方法转载到自己的课堂上，通过信息技术的资源来丰富小学英语语法教学课堂的趣味性和内容丰富度。

2. 优化学生信息技术学习合作平台

学生对于信息技术这样新颖的形式大多感到好奇，但是缺乏理论指导，无法完全利用到信息技术的价值。优化学生信息技术学习合作平台帮助学生培养自主学习习惯，树立课堂主体意识，才能使学生将信息技术这个辅助工具用好用到位。

（1）提高小学生的自主学习能力。

为了使信息技术应用在小学英语语法教学中能够取得较为理想的效果，首先需要培养学生的自主学习能力。信息技术区别于传统课堂最明显的一点，就是在预习阶段将知识点传送给学生，学生需要自行观看并完成学习任务单。虽然视频的时间只有5~10分钟，但是学生能否利用好这段时间是第二天课堂成功的关键。最为理想的状态是学生边观看视频，边完成学习任务单上能够完成的任务，对照自己无法完成的任务了解自己对此语法点存在的疑惑，准备好第二天反馈给老师。但是，事实上并不是所有学生都能严格按照标准来执行，在教师无法掌控的范围外，学生的自主学习能力直接影响着接下来语法内容的学习。

十年树木，百年树人。培养学生的自主学习能力并不能一蹴而就，需要学生、教师以及家长的共同努力。首先，小学生还处在自制能力较差的阶段，一定需要教师在旁边不断地督促，在将信息技术任务布置下去的时候，教师需要明确告知学生需要做什么，怎么做，避免学生只是稀里糊涂地把视频看一遍。在第二天课上的时候，教师应检查学生的学习任务单完成情况，并随机点名学生确认其是否真正动脑筋思考。其次，学生本身的自主学习能力在传统课堂上并没有被激发，教师需要在学生在校的情况下，有意识地安排自主学习任务并进行及时点评。如果在事先没有训练的情况下直接下发信息技术视频，要求学生在家自主学习，学生并不能理解自主学习的含义，自然无法达到理想状态。最后是家长的监督，在起步阶段，学生在家时的自主学习离不开家长的监督。教师无法时时刻刻监督学生，所以在家的这段时间，需要家长的积极配合。在教师、学生与家长的配合之下，学生的自主学习能力会在潜移默化中得到提升，这也将为信息技术辅助英语语法学习取得良好效果奠定坚实的基础。

（2）培养小学生课堂主体意识。

信息技术在小学英语语法教学中的应用对小学生的课堂主体意识提出了要求。在传统的英语语法课堂，学生只要做到在座位上认真听讲，做好笔记就能基本达到教师对学生的要求。但是，在信息技术辅助英语语法教学的课堂中，学生成为课堂主体，每一个环节都需要学生参与，学生只有积极主动参与其中才能使课堂教学顺利推进。如在教师提问视频预习存在疑问的环节时，就需要学生主动提出存在的疑惑。如果学生还是把自己当成一个被动接受知识的个体，那么教师接下来基于学生的疑惑才能展开的环节就无法顺利推进下去。所以，新的教学模式对于培养学生的课堂主体意识迫在眉睫。教师在培养学生的课堂主体意识上可以从两方面入手。其一，从正面帮助学生树立课堂主体意识。首先，要明确告诉学生你们才是课堂的主体，要做自己课堂上的主人。老师只是课堂活动的组织者，是帮助你们答疑解惑的好帮手，但需要你们自己去探寻问题。只有找出更多的问题，你们才能学到更多的知识。将对知识的渴求转化为内心的动力，而不是被动地接受知识的灌输。其次，要明确告诉学生怎样的表现能够被定义为具有课堂主体意识。小学生对于概念性的定义无法直接理解，教师需要帮助他们具体化到每一件事情上。课堂上的举手发言说明了学生在积极开动脑筋，参与到学习过程中，尤其是主动提出问题。每一次的小组讨论要积极参与，不能因为人多而浑水摸鱼。最后，一定不能缺少的是教师对于学生的这些行动的检验，在学生还没能形成课堂主体意识之前，检验是促使学生完成以上任务的最终保障。教师可以随机让学生起来回答问题，在小组讨论的时候到每组中去转一转，听一听是不是每名同学都参与其中。其二，从侧面鼓励学生树立课堂主体意识。当学生在信息技术辅助英语语法教学的课堂上能够主动提出自己的疑惑时，教师应首先给予肯定。不论其提出的问题是否有价值，都应该鼓励这样积极的思考方式。一方面，被表扬的学生在受到教师鼓励后会更加积极地探寻其他问题。另一方面，其他没有回答问题的学生在看到别的同学被表扬后，也会激发其回答问题的动力。小学生的特点就是渴望得到教师的关注和表扬，当他们看到其他同学被表扬后，会去尽力模仿。侧面的激励有时比正面的鼓励更能帮助学生树立课堂主体意识。

（四）优化信息技术资源共享平台

1. 优化校际英语信息技术资源共享平台

在英语语法教学之中，单一学校的教育资源是很有限的。从小学的情况来看，每位小学英语教师需要承担近200名学生的英语语法教学任务。从英语语法信息技术教学的研发情况来看，小学的英语语法信息技术研发任务繁重。从信息技术在英语语法教学中的辅助情况来看，每节课选择一个英语语法知识进行解读，既能够提升英语语法传统课程的趣味性，同时也可以起到承上启下的积极作用。

不过，小学英语课程中的语法知识点繁多，如果对应每一个语法知识制作一节应用信息技术的课程的话，仅六年级就涉及了至少30个语法知识点，其中还不包括阅读中出现的零碎语法知识点。如果将信息技术研发任务全部交给小学六年级英语教师承担，这样的任务量加上普通的教学任务就会让小学的信息技术研发成为一种奢侈品。并且，并不是每一个开发出来的信息技术资源都能直接运用于班级教学，各个班级之间学生的学情存在差异，教师除了需要负责开发信息技术，在运用时也要花很多精力进行挑选和调整。因此，小学可以借助其他学校的师资力量，通过信息技术资源互换的方式丰富英语语法信息技术的库存。例如，江苏省昆山市H小学牵头建立校际信息技术资源共享平台。首先，H小学可以选择与同区域内的几所小学一起成立校际信息技术资源共享平台，统计校际的教师资源并且将所有的信息技术研发任务进行共享。每所学校和每名参与校际信息技术资源共享的教师都会分配到一定比例的信息技术研发任务，这样将英语语法信息技术研发任务平均分配下去，既降低了小学研发的任务难度，也能够有效地提高小学英语语法信息技术的研发质量。

2. 优化区域性信息技术资源管理系统

在优化校际信息技术资源共享平台的基础之上，可以优化区域性的信息技术资源管理系统。信息技术具有占用时间少、趣味性强的特点，在小学教学中能够起到很好的辅助作用，因此，对于任何小学而言，信息技术这类资源的价值都是较高的。在这样的背景下，优化区域性信息技术资源管理系统需要被提上日程。具体策略如下。

第一，优先建立多个校际信息技术共享平台，然后将多个校际信息技术共享平台中的信息技术资源进行汇总，并且建立区域性的信息技术资源管理系统。一方面，通过区域性信息技术资源管理系统有序地规划校际信息技术资源。另一方面，区域性的信息技术资源管理系统实现对信息技术资源的有效管理，对于加入信息技术资源共享、信息技术研发的学校提供区域性信息技术资源优先使用的权限。第二，可由区县教育局英语教研室将知识点罗列细分，直接公开遴选优质的信息技术资源。目前，各个学校教师职称晋级名额都存在紧缺现象，特别是乡镇学校教师缺少参加片级、市级公开课的机会。优质信息技术资源的竞选能够为市区及乡镇教师提供一个公平竞争的平台，有了竞争形式，每个知识点都将能从数量众多的参赛作品中选出最佳的一个。一方面提升了教师的积极性，另一方面也提高了信息技术资源库的质量。如果说建立校际英语信息技术资源共享平台是为了解决单个学校教师资源不足的必要之举，那么建立区域性信息技术资源管理系统则是为了让信息技术资源平台有一个良性的、积极的发展。

四、信息技术环境下小学英语听说交际教学整合模式

听说交际教学主要在于语境创设，利用多媒体为学生提供丰富多样的语言输入和听力环境的同时，应该针对小学生的学习规律和心理特征，适当地采取一些模式，下面列举几个。

（一）交际教学语境创设模式

教师在运用多媒体为学生创设语言环境的过程中，需要重点关注课堂学习环境与学生自身认知以及真实生活的密切度，创设语境时要注意语境的三

要素。

（1）真实性。教师应尽量缩短课堂语境与学生真实生活的距离，越真实越有效。因为真实的教学语境不仅能让学生易于投入，而且可以使学生认识到语言学习的价值，通过真实的演练，学生会发现英语学习随处可及，英语的使用更是无处不在。这样可以大大增强学生对英语学习的认同感，激发学生的内在学习动机。

（2）匹配性。匹配性主要指教师应该考虑到学生的年龄特点和已有认知水平，设置难易程度适中的问题，在学生"最近发展区"内适当地设置悬念，留给学生一定的想象空间，激发他们的好奇心，调动学生的参与积极性。另外，还可以运用游戏的方式，寓教于乐。

（3）拓展性。教师在设置语言情境的时候不能单一地让学生进行机械式的模仿操练，而应该注意语境的拓展，为学生创造性运用语言创设情境。需要注意的是，要为学生提供多个可迁移的话题，留给学生选择空间，启发学生大胆联想，灵活运用所学词语和句型。

（二）教学资源选择模式

在针对儿童的交际教学中，需要大量的听说输入材料，而相对听说交际教学所需，现有的英语课本上的语言情境和教学资源是相当有限的，因此，教师需要筛选网络上的一些教学资源。教师在选择教学资源时需要把握好以下三个要点。

（1）适量性。现今网络资源丰富，但教师在使用教学资源的过程中并不是越多越好，而是应该根据教学的时间安排和学生的分组情况等来进行一定量的选取。因为过多地使用资源一方面会占用学生较长的材料适应时间，浪费宝贵的课堂交际训练时间；另一方面，小学生的自主意识本身就不强，如果呈现太多，难免让学生眼花缭乱，无从下手，更难以找到适合自己的语境材料。

（2）适用性。适用性主要指教学材料的内容适用性，既要与课堂教学内容相适用，还应该具有学生适用性。教学重难点不同，适用不同的教学材料；所教学生年龄阶段不同也应该使用不同的教学材料。

（3）趣味性。趣味性重在要抓住学生的注意力，小学生的注意力集中时间较短，教师应该选用能激发学生兴趣，吸引学生注意力的教学材料，引领学生进入交际语境。

（三）交际教学课堂管理模式

交际教学首先是语言上的交流，包括教师课堂提问、纠错、激励、评价等方面都需要一定模式和技巧。当然，除了语言方式管理以外，教师还可用到非语言方式进行课堂管理，主要有语气语调、表情等肢体语言以及课堂座次安排等。下面分为语言方式课堂管理和非语言方式课堂管理模式两方面进行简单阐述。

1. 语言方式课堂管理模式

（1）教师提问模式。教师在提问的时候首先要关注核心问题，围绕本课核心进行提问，以把握本课的教学目标；然后再选取趣味性强的问题对学生进行适当的诱导提问，因为只有吸引学生注意力了，课堂气氛才能活跃起来；最后还需注意所提问题的难易程度一定要合理适中，尽量在学生的"最近发展区"内进行提问，让学生循序渐进地获得知识和交际能力。

（2）课堂纠错模式。英语初学者在学习过程中常常存在很多误区，而这种误区往往会影响后续的学习，因此，课堂的纠错至关重要。主要的纠错方式有自我纠错、同伴纠错和教师纠错。课堂的纠错主要由教师把握，注意时机恰当的选取，以及根据课堂教学难点进行针对性纠错，尽量做到纠错的内容、时机和方式三方面有机结合，避免纠错的时候给学生造成压力或者自尊心的伤害。

（3）课堂激励模式。小学生的课堂注意力集中时间短是课堂激励存在的主要原因，再者，他们作为英语科目的初学者，常常会自信心不足，课堂适时激励非常必要。教师在激励学生的时候要注意培养学生的自主性，鼓励学生自觉遵守纪律，完成一定目标了进行奖励。另外，教师要注重培养学生自我实现的欲望，课堂上多给学生提供体现自我价值、获取信心的机会，适当地选取同伴激励的方式，让学生在课堂上感受到"这是我们的课堂"，即有种心灵归属感。

（4）课堂评价模式。课堂评价的主要目的是检测课堂教学效果，以便教师根据效果反馈对教学进行调整。主要包括学生的掌握情况、各种学习方式的使用情况以及教学任务完成情况等。评价时教师首先要注重以学生为主体，除了教师评价还可以采用同伴互相评价，甚至两种方式相结合，当然这里的评价要以课堂为场景，注意与通常说的形成性评价相区别。

2. 非语言方式课堂管理模式

（1）语气语调、表情等肢体语言做指令。课堂管理中用语言方式给指令的时候内容一定要明确，语气语调和表情等也非常重要，因为小学生对语言的理解能力往往还是要依靠一些非语言方式来帮助其理解，这里不仅仅是指教学相关的指令，还有课堂管理指令用语。尤其是当小学生违反课堂纪律的时候，教师的指令必须带一定的感情色彩，严肃、和蔼必须严格区分。

（2）课堂座次安排模式。座次布局要遵循以下几个原则：首先，要与教学目标相吻合，无论是教室的物理空间布置还是人文环境都要遵循服务教学目标的原则；其次，保证学生一定自由空间，有利于课堂活动开展，如师生活动或者同伴活动等；最后，还需要确保教师的监控实施，既要实现教师对学生违纪行为的监控，也要确保学生课堂求助得到及时帮助。

五、信息技术环境下小学英语会话教学整合模式

（一）儿童语言听力学习特点

处于小学阶段的儿童听觉灵敏，模仿能力极强，因为此阶段的儿童还没法像成人那样表达自己，当不能表达自己的时候，他们首先是试图去理解别人的表达，通过听觉和模仿来获取语言信息，所以，英语录音材料是小学英语课堂中被应用得最多的教学材料之一。但是作为学龄初期的儿童，他们积累的词汇量毕竟有限，语法知识也毫无系统可言。因此，他们在听教师提供的录音材料时并不能完全听懂，而是需要借助教师的肢体语言、表情等辅助信息来理解录音材料的内容。根据以上分析，教师在教学中应特别注意给予学生听觉训练初期的辅助，辅助的形式包括：说话的语气、语音、升降调、表情，以及手势等肢体语言，当然，录音材料中的声音、视频、插图、动画等也需要教师更加合理地选取和利用。儿童借助这些非言语的辅助信息的支持来完成对输入信息准确的理解。

与此同时，有部分学者认为，儿童在发展英语会话能力的过程中，有一个非常时期值得教育者重点关注，即"沉默期"（silent period）。一般儿童在学习英语的初期，在一段较长的时间内，他们说的能力是很弱的，因为他们还没有获得语言输出所需要的发音和表达能力，所以此阶段他们主要通过"听"来发展他们的语言能力，此阶段被叫作沉默期。换言之，学生在沉默期依靠听教师等语言熟练掌握者的有效语言表达来进行学习，从而积累发音和词汇，当积

累到一定量的时候，才能达到质的变化，于是他们能够开口"说"了。部分研究者不支持教师在"沉默期"就让学生过早地进行语言的说和写的训练。但是，很多学者却对此并不十分支持，他们认为"沉默期"这一现象，不属于外语学习特有的现象，他们认为导致沉默期产生的原因并不一定就是儿童缺乏必要的语言发音能力和词汇积累，极有可能是学龄初期学习者自信心不足的一种心理上的表现。如果在这一时期，在会话方面能够给学生以鼓励和支持，相信是可以缩短儿童特有的"沉默期"，从而最大限度地利用儿童时期得天独厚的会话能力优势来提高英语会话能力。

总之，无论是语音还是听力方面，小学阶段学生学习英语的主要形式还是模仿，他们擅长从整体感知语言，在与人交流的时候，一般不会因为不懂个别词的含义而感到困扰。同时，由于他们语言词汇积累的局限，他们关注的主要是语言的功能与价值，即他们学习的这门语言可以做什么。与成人不同，儿童在学习过程中，对语法的结构和形式并不太注重，他们主要关注语言的交际功能，因此，他们较成人更容易获得语言交际的运用能力。此外，英语学习中，儿童普遍喜欢学习字母少的单词，并愿意尝试与他人进行简短的会话，他们对节奏感较强的英语歌谣比较感兴趣，也容易掌握。

（二）小学英语会话教学模式

根据小学生英语学习的基本特点，常用的会话与信息技术整合教学模式仍然是基于建构主义理念的教学模式，坚持"主导-主体"原则，以言语交际为中心，重视情境的创设，运用多媒体教具和网络资源为学生提供真实的语言运用情境，按照语境的不同主要分为以下三种教学模式：双人面对面交际、多人面对面交际、个人自主会话。

1. 双人面对面交际

由儿童英语学习过程中语音输入理解的特征可知，儿童在获得语言输入理解过程中，如果单靠语音输入，所得的理解是不够完整的，因此，还需要借助交际对象的语气、声调、手势等其他肢体语言来帮助完成语义辨析。所以课堂中进行"实时双向言语互动"是学生掌握会话能力的最有效方式。英语课堂上双人实时交际互动包括师生会话和生生会话。

（1）师生会话。

师生会话模式中，由于教师作为语言的熟练掌握者，可以实时地促进学生建立较强的内外反馈机制，故这种教学模式为学生创造了最好的语境，是英语课堂教学中培养学生听说能力的最有效方式。

人教版小学英语（一年级起点）一年级上册起始课 *Starter* 中，讲授"Greeting"的时候，师生会话进行简单的示范。因为这个阶段学生几乎只能依靠模仿教师进行会话，初学阶段师生示范的频率会相对高于后续教学阶段。首先，教师介绍日常寒暄常用的词句，然后，可以跟一个学生采用角色扮演的方法，教师扮演 boy，学生扮演 girl，进行示范会话。

Teacher（boy）：Hello! My name is Wu Lei.

Student（girl）：Hi! My name is Sue Lina.

Teacher（boy）：Nice to meet you.

Student（girl）：Nice to meet you, too.

在小学英语会话教学中，师生会话的好处很多，用途也很广，几乎每节课都可用到。然而，该交际模式也有其局限性，课堂教学中并不能全堂使用。因为在有限的课堂教学时间（一般是40分钟）内，教师不可能做到对在座的每一名学生都提问到。

如果那样，每名学生所分配到的时间非常有限，而其他时间，无疑使得更多学生处于旁听状态，大大地浪费宝贵的课堂时间。因此，尽管师生会话模式的效果比较理想，但此模式下学生的参与度太低，所以效率也偏低，建议作为一堂课开始阶段教师启发、示范性教学手段，其后的大部分课堂时间应该让邻座的学生进行生生会话，或者小组自由讨论，这样可以大大提高学生的语言交际参与度，为学生提供大量会话机会，进而促进其会话能力的发展。

（2）生生会话。

针对师生会话这一活动形式存在的缺陷，即在课堂有限时间内学生的言语交际参与度低，生生会话则正好能弥补这方面的缺陷，成为一种训练学生听、说能力效果较好的常用模式。这一模式和师生会话模式一样，学习同伴都是真实的交际方，所以学生也能形成关于语言学习的内、外反馈机制，而且每一名学生都能有大量的机会参与到实时双向言语互动中去，从而真正地落实以交际为中心的教学思想和教学设计。可见，这种模式应该作为小学英语课堂上最主要的活动形式之一。

生生会话情境中我们可以多给学生发挥的空间，上教版小学英语（三年级起点）三年级下册Unit 6 *Food and drinks* 中Say and act中的对话，图中标出

Peter 和 Joe 分别和自己的妈妈讨论早餐的语句，根据图中人物和餐桌上的食物，学生两两可以自由地进行会话交际。教师在进行讨论话题 "What do you have for breakfast?" 时，最开始的师生示范会话结束后，让学生想想自己的早餐，然后进行两两会话。对于小学阶段高年级的学生，可扩展到现实生活中，而不一定局限在课本上的模仿，让学生感受现实生活中使用英语的乐趣，发现英语处处可用，英语学习触手可及。

Boy：What do you have for breakfast?

Girl：I have some bread and milk. What about you?

Boy：Er, I have some noodles and an egg. I like noodles. Do you like noodles?

Girl：Yes, I do. And I like eggs, too.

与此同时，尽管这种交际模式大大提高了学生参与度和自由度，但是此会话模式下的交际双方，毕竟都只是英语的初学者，他们的会话过程必然不如师生会话的过程流畅，效果也不如师生会话明显。因此，建议此模式使用前，务必要有教师通过师生提问方式进行示范。教师可以腾出较多的时间来让学生开展两两会话，但是在学生两两会话的过程中，教师还要注意随时进行个别化指导和鼓励。只有像这样把两种模式有机结合起来，才能取得较好的效果。实际教学中，教师要根据学生的真实水平，设置和把握两种模式结合的度，只有正确地把握结合的度才能最大限度地发挥它们的优势，更好地落实言语交际教学。

2. 多人面对面交际

多人面对面交际通常是指三人或三人以上的小组活动，它也是英语课堂上较常见的一种言语交际模式，如小组讨论、小组角色扮演、小组齐唱歌曲等。这种模式下的交际语境和前一种模式下的语境一样，针对训练学生会话能力的效果而言，它跟生生会话不相上下，它们都是有真实的交际方，只是参与度上，小组会话语境中每个学习者的参与度较生生会话的低。因此，在教学实践中，这种方式一般都作为候选方式，而不能作为英语课堂中的主要活动形式，只有在课堂所教内容需要小组活动形式教学时，才选择使用。

在教授人教版小学英语（一年级起点）三年级下册 Unit 2 *My school* 的时候，教师通常使用角色扮演的方式来实施教学，根据教师提供的多媒体图片和录音材料介绍，五个学生组成一个小组，分别扮演不同角色进行小组多人会话练习。此活动中由于学生较多，而且都是初学者，教师需要随机地对学生进行详细指导，无论是学生的语音、语调，还是表情等肢体语言，该纠正处教师要及时地进行纠正，当然对此阶段的孩子很重要的一点是需要鼓励，因此，对于表现良好的学生要及时进行表扬和奖励。

Teachers and students：Welcome to our school!

Victors：Hello! Thank you.

Li Ping：Hello! My name is Li Ping. Nice to meet you.

Mr. Green：Nice to meet you, too. My name is John Green.

Li Ping：This is our head master, Mr. Lin.

Mr. Green：How do you do?

Mr. Lin：How do you do? Now Li Ping will show you around our school.

Li Ping：Let me show you around. This way, please. This is our library.

Mr. Green：Do you often come to the library?

Li Ping：Yes, we do. We often borrow books from the library.

Mr. Green：That's good!

总之，在以上两种交际互动的教学模式中，教师在给学生一定自由的同时，也要考虑到学生自身语言掌握的不足。一边给予指导和纠正，一边适当地表扬和奖励，以褒贬结合的方式，循序渐进地促进学生英语会话能力的发展。

3. 个人自主会话

根据儿童语言学习特征，儿童在语言学习过程中有一段时间是处于"沉默期"，如果在这一阶段，我们在会话方面都能够给学生以鼓励和支持，相信是可以缩短儿童特有的"沉默期"，最大限度地利用儿童阶段得天独厚的会话能力优势来提高英语会话能力。个人自主会话需要的材料来源除了英语教材中所提供的语言情境和会话材料，教师更应该大胆地借助多媒课件和网络教学资源，力求为学生创设生动逼真的会话训练环境，以提高学生会话能力。

（1）利用图、文、声并茂的英文多媒体材料创设自主听的语境。

在自主听的语境中，由于会话的双方都是虚拟的交际方，无法实现有效的"实时双向言语互动"，故其效果肯定不如师生会话或者生生会话好。但是，根据语觉论，在自主听的过程中，儿童与言语理解相关的"语音感知""语音辨识""单词词义辨识""短语生成""语义识别"等心理加工环节仍然处于活跃状态，因此，这样的自主听语境对于提高学习者的言语理解能力依然相当有效。对于初学英语的小学阶段低年级的学生来说，一定要听有语境背景的篇章，即要与课文相关、逻辑性和情节性强的拓展性材料。显然，这种教学模式不能简单地使用，它必须要教师充分地做好前期准备工作。包括要确保学生能听明白语音材料的大体内容，只有听懂大体意思了，学生才能根据教师要求复述所听材料的含义。材料的难易程度以及趣味性是教师应该主要关注的。

虽然是自主听，但是教师在学生听的过程中还是要跟前面互动的过程一样进行课堂实时监控和随机指导，一定不能放任自流，认为只要把材料给学生令其自主听即可。

（2）利用多媒体材料创设自主说的语境。

自主说是培养学习者说话能力的另一种活动形式，常见的主要有"看图说话""描述情景""唱背歌谣""朗诵经典名作"等。多媒体材料和网络教学资源不仅能提供前面所述的语境，还可以为学习者提供很好的自主会话情境，如让学生以相关的几组图片自编故事，将动画、视频作为学生自主英语配音的素材等。

以上教学模式都是基于建构主义教学理论，以学生为中心，把学生作为学习的主体，注重学生在教师创设的情境中通过协作、讨论、互助进行自主意义建构；教师作为课堂的引入者、指导者和监控者，通过一定方法和手段，引导学生进入情境，促进学生针对课堂学习内容进行自主思考，启发学生进行自主训练，并在此过程中教师指导和监控学生的学习进程，激发和维持学生的学习动机。

以上三种教学模式，各有优势弱势，在小学英语会话课堂的教学过程中，并不是某一种教学模式一用到底，而是要交替使用，在遵循一定教学环节的过程中，将这些教学模式整合到课堂里面，总体依然不能忽略平时课堂的几个关键教学环节。①创设情境，确定任务阶段。该阶段主要指新课导入和介绍新课内容，教师运用多媒体创设与学生实际生活接近甚至相同的情境，对本课所教内容的背景进行渲染，为后续教学环节做铺垫。在设置示范性的师生会话交际前，教师应该格外注重该交际示范内容与学生年龄特点和认知特点的契合度。在此基础上，教师运用多媒体对所示范的会话的前因后果、时间、人物、地点等进行讲解，先让学生对交流的主题内容有整体的感知，再通过师生示范性会话，让学生具体感知内容。当然教师应该设置小悬念，并点拨学生思考其他同类的具体内容形式，为下一阶段生生会话顺利进行奠定基础，定好基调。②情境渲染，协作训练阶段。在第一阶段确定课堂任务之后，教师可利用图、文、声并茂的英文材料来强化渲染气氛，有了示范会话交际的简易铺垫，教师在该阶段可对具体内容形式进行精雕细琢，引导学生深入感知，充分自主地开展会话交际。当然教师这个阶段需要简明扼要地对教学的重、难点进行指导。在会话课程中，重点和难点不仅仅是语言听、说技能训练，更可能是学生课堂中情感的体验以及对类似语境运用的掌握。因此，除了教师的语言描述，多媒体配合应用才能使该阶段的教学目的确切达到。③情境再现，巩固训练阶段。在课堂教学的尾声阶段，教师要带领学生对本节课中的交际教学重点进行回顾和总结，而一般情况下，这一时间段学生的注意力已处于低潮期。教师可进行简略的语言概括和多媒体重现本课的交际过程，趁机对学生课堂训练的情况进行一次总体考查。这是一个促进学生将新知识巩固、内化与迁移的过程，也是一种新形式的评价方式。

六、信息技术环境下小学英语阅读教学整合模式

本书中进行的研究，旨在提高学生的阅读能力和水平，但是我们深知学生阅读水平的提高仅仅依靠课内的阅读教学是十分有限的，所以本项研究不仅针对课内的阅读教学，还要关注学生课外的阅读训练。课堂阅读教学是在多媒体环境下进行的，多媒体的运用为学生创设了学习情境，生动、形象、真实地为学生提供与阅读文本有关的背景知识，使学生头脑中的内容图式更为丰富。教师通过运用多媒体帮助学生构建篇章整体框架，继而引出每段的细节与内涵，做到既紧扣教材内容、突出阅读理解重点，又注意遵循学生的思维规律，有利于对学生进行由表及里、由浅入深的引导和点拨，从而使阅读教学层层递进，步步深入。而对于课外阅读教学的探索，主要是以网络为媒介，通过建设主题网站，为学生提供丰富多彩的课外阅读资源，扩充学生的词汇量，拓宽学生的知识面，更重要的是使学生在课内学到的阅读策略和方法得到有效的训练。

(一) 信息技术与篇章型阅读课文有效整合模式

第一步：呈现图片，学习生词。

小学生对具体形象的事物更感兴趣，因此，图片的提供可以帮助学生在情

境中理解生词的意义，同时，色彩鲜明、具体形象的图片也可以激发学生对文本的阅读兴趣。篇章型阅读课文提供了与阅读文本相应的图片。教师在上课前将课文中的图片以多媒体课件的形式呈现在学生面前。引导学生观察图片，用简单的英语讨论图片内容，在此环节，教学生阅读文本中的生词，为学生下面的阅读扫除语言障碍。例如，上教版小学英语（三年级起点）三年级上册 Unit 12 *The four seasons* 介绍了英语单词四季，简单描述了四季天气。语篇虽短，仅包含4句话，In spring, it is warm. In summer, it is hot. In autumn, it is cool. In winter, it is cold. 但包含了大量的生词，如：spring, summer, autumn, winter, warm, hot, cool, cold。学生如果单靠读课文去理解，可能难度太大。但如果先引导学生观察课文插图，师生之间就图片信息进行自由交谈，学生就能在图片的帮助下理解生词的意思，从而为下一步深入理解文本做好铺垫。

第二步：整体呈现，初步理解。

"整体语言教学"（Whole Language Approach）亦称为"全语言教学"，开始于20世纪80年代中期美国的阅读研究。它强调语言的整体性，反对将语言肢解成音素、词素、词汇、语法等。北京师范大学外国语言文学学院程晓堂教授曾指出：应该把语言作为整体学习，因为意义和语境有助于学生对语言的感悟，有助于培养学生的学习动机和积极性。从课堂教学中看，即教师先让学生带着一两个涉及整体理解的问题去接受篇章阅读文本的整体语言意义。这样的呈现可以让学生从总体上理解和感知阅读文本的内容，理清文本的发展脉络。

第三步：精读语篇，深入理解。

学生整体理解阅读文本的内容之后，让学生带着一些重要的细节问题或其他规定任务再读、细读，进一步感知、接受新的语言材料。如让学生阅读文本，判断哪幅图表现这段文字情节，或让学生读文本信息填写表格或完成连线练习，将文本中的细节信息进行归纳和整理，在此过程中教师可以向学生渗透预测、略读、跳读、回读等阅读方法。

第四步：回归整体，提升能力。

在学生对文本细节掌握之后，教师可以引导学生在图片的帮助下复述文本内容，为了降低难度，教师可以在图片下面配以关键词、句，引导学生看图复述文本内容，检查学生对文本的理解情况，提高学生运用所学英语知识的能力。"会话领先，读写跟上"是小学英语教学的规律，针对篇章型阅读课文主题性较强且图文并茂的特点，教师还可以安排学生围绕篇章阅读课文主题，写作图文并茂的主题作文。比如教学上教版小学英语（三年级起点）四年级上册 Unit 10 *Around my home* 时，教师可以设计作业"Draw and write"，首先要求学生画"我家街区的平面图"，然后在此基础上要求学生以"Around my home"为主题写一篇作文，围绕该主题写写自己家所在的街区以及附近的场所并配上"我家街区的平面图"。这种具有实践意义，并且需要学生动手操作的作业，不仅激发了学生的写作欲望，同时也有效巩固了课堂所学，可谓一举两得。

第五步：阅读链接，课后延伸。

学生英语阅读能力的提高，仅仅依靠课本上的阅读文本的教学是十分有限的。因此，可以发动小学英语教师结合每一篇阅读文本的内容及难易程度，编制英语课外阅读习题。利用网络优势，将这些习题进行整理，建成小学英语课外阅读资源库。在学生对篇章阅读文本进行学习后，教师登录小学英语阅读教学资源库，选取与篇章阅读文本相对应的课外阅读习题，安排学生利用课外时间进入电子阅览室，完成相关练习。

（二）信息技术与会话型阅读课文有效整合模式

第一步：创设情境，导入会话。

布鲁姆认为："成功的英语课堂教学应当在课内创设更多的情境，让学生有机会运用已学到的语言材料。"在小学英语会话教学中创设情境，能将真实的生活带进教室，使语言自然融于背景中。所以，对于会话文本的呈现，教师可以应用flash课件，将会话文本中静态的文字变成有声有色、图文并茂的动画片，在情境中帮助学生了解会话发生的背景，厘清会话中人物的关系，提炼会话基本信息，如时间、人物、地点等，理解会话的主要内容。

第二步：细读文本，深挖会话。

flash课件整体呈现会话文本之后，教师提出细节问题，让学生带着具体的任务再读文本，进一步深入理解会话的细节，体会会话人物的思想感情及行为变化，从而挖掘会话的深层含义，提炼会话的一些隐含信息并理解、感知部分词汇在特定语言情境中的含义。在此过程中，教师引导学生归纳会话中的主要句型，并将其呈现在黑板上，为下一步学生的语言操练做好准备。

第三步：跟读录音，模仿会话。

通过第一步的整体视听，学生对会话有了初步的语音感知，能够模仿会话中句子的语音、语调，再经过第二步的细读文本，学生对会话中人物的思想感情及行为变化有了深入的理解，在此基础上，教师引导学生跟读课文录音，进一步模仿会话中人物的语音、语调，为下面的配音练习做好铺垫。

第四步：配音练习，操练会话。

配音练习即给动态的 flash 画面配音，这个环节让学生以第一人称的身份直接进入到会话文本之中，让学生在模拟的情境中巩固语言，在真实的任务中运用语言。如上教版小学英语（三年级起点）五年级上册 Unit 3 *My birthday* 教学中，教师安排了为 flash 画面配音的环节，学生在 flash 画面及单词的提示下，为自己所扮演的人物配音，巩固了课堂所学。在配音练习环节，教师要提醒学生注意模仿人物的语音、语调，培养学生的正确朗读习惯，同时通过有感情的配音练习，加深学生对会话文本的理解，为下面的任务做好铺垫。

第五步：任务活动，拓展延伸。

在学生进行配音练习的基础上，教师鼓励学生根据所学会话，结成小组创编自己的会话，将语言的机械操练过渡到意义操练，培养学生的创造性思维。教师也可以结合会话交际性的特点，设计任务型的课外作业，使课堂教学得到深化和补充。作业布置包括巩固性、发展性的口、笔头练习。口头练习有两两会话、分组会话、角色表演、自编会话、小组传话（每组从前向后传句子，一人一句组成课文）比赛、转述练习等。笔头练习有选择、判断、造句、连词组句、补全会话等。教学结束后，教师登录小学英语阅读教学资源库，选取与会话阅读文本相对应的课外阅读习题，安排学生利用课外时间进入电子阅览室，完成相关练习。

（三）信息技术与故事型阅读课文有效整合模式

第一步：头脑风暴，激活知识。

鲁姆哈特的阅读图示理论指出，阅读能力由三种图式决定，分别是语言图式、内容图式和形式图式。语言图式指读者对阅读材料的掌握程度，内容图式是理解文章内容的依据，而形式图式是调用内容的能力。三者相辅相成，缺一不可。由此不难看出，培养阅读能力的过程就是从低级图式到高级图式的过程。所以，在正式教学课文之前，教师可以利用头脑风暴，激活学生原有的图式，包括词汇和原有生活经验，复现与阅读材料相关的已学内容，为下一步阅读教学做好准备。根据上教版小学英语（三年级起点）教材的编排特点，每篇故事文本中都包含了本单元所学的重点单词及句型，此外，要求学生会认读理解的词汇量也相对较多。因此，教学故事之前，安排复习环节，通过对课文中出现的单词及句型的复习，帮助学生排除语言障碍，为学生接下来的故事文本阅读做好铺垫。

第二步：预读标题，激发兴趣。

标题是文章的简要概述，也是文章的重要组成部分，而它展示的也应该是文章中最富有吸引力和最重要的内容，因此，它直接影响到读者的兴趣。上教版小学英语（三年级起点）五、六年级教材中的故事文本，内容相对较多，篇幅较长，给学生的阅读带来了一定的困难。为了学生能够顺利阅读，可以在整体呈现故事之前，引导学生关注故事题目，对故事的内容进行猜测。如上教版小学英语（三年级起点）五年级下册 Unit 12 中的故事标题为 *The giant's garden*，教师提出以下问题，引导学生对故事内容进行预测：巨人是谁？他的花园如何？孩子们可以在巨人的花园做什么？从而降低学生的阅读难度，激发学生的阅读欲望。

第三步：初读故事，理解大意。

在学生听、看故事前，教师引导学生联系课前的预习，谈论故事中的主要人物及故事发生的背景，为学生顺利地阅读故事文本打下基础。通过 WWW（what、who、where）问题的出示，让学生带着问题进入故事学习，引导学生浏览故事，帮助学生获得故事的概况信息。

第四步：细读故事，把握脉络。

由于故事文本内容较多，为了帮助学生从整体上了解故事内容，教师可以根据故事发展的脉络，将故事分成不同的部分。将反映故事发生、发展情节的多幅图片，以多媒体课件的形式呈现在学生面前，请学生看图，猜测、推敲故事大意，并尝试用自己的语言对图片进行描述，以引起学生的兴趣。这个环节的意图就是让学生能够大致理解故事的梗概，把握故事发展脉络，为学生接下来的精读做好准备。如冀教版小学《学英语》第七册 Lesson 7 *Baby Becky Helps her Mother*，教师可以根据故事发生的不同地点，将故事分成了三个部分，即厨房、浴室和客厅，通过问题的设置 "Where is Baby Becky? What is she doing?" 帮助学生理清故事发展脉络。

第五步：分步教学，提升能力。

阅读教学的目的，不仅仅是帮助学生阅读故事文本，更重要的是通过阅读课文的教学，向学生渗透阅读技巧，从而提高学生的阅读能力。在接下来的环节中，教师结合故事文本特点，安排不同形式的阅读练习。如冀教版小学《学英语》第七册 Lesson 7 *Baby Becky Helps her Mother* 第一部分 In the kitchen，故事文本注重逻辑顺序的描述，教师首先安排了将句子进行排序的练习，接着通过学生完成判断正误的练习，引导学生再次回到故事中查找具体信息，加深对故事细节的理解。在安排阅读练习时，教师注意由易到难，由浅入深，循序渐进。

第六步：布置作业，课后延伸。

根据学生的学习实际，结合故事的难易程度及文本特点，教师可以引导学生开展如下活动。

（1）复述故事。

教学上教版小学英语（三年级起点）四年级下册 Unit 2 中的故事 *The fox and the grapes* 时，教师引导学生根据课件中的图片及下面关键词汇的提示，回顾故事主要情节，用自己的语言复述故事，从而提高学生的语言表达能力。

（2）续编故事。

上教版小学英语（三年级起点）四年级下册 Unit 2 中的故事 *The fox and the grapes* 介绍了狐狸吃不到葡萄说葡萄酸的故事，教学结束时教师安排了续编故事的作业：狐狸在离开的路上碰到了小猴子，它告诉小猴子别吃树上的葡萄，因为葡萄酸。小猴子会怎么说怎么做呢？请你和同桌讨论之后续编故事。

（3）仿写练习。

"会话领先，读写跟上"是小学英语教学的一个基本原则，作为本单元具有复习意义的小学故事阅读教学完成之后，教师可以安排写作的练习，帮助学生提高写作能力，如教学完冀教版小学《学英语》第七册 Lesson 7 *Baby Becky Helps her Mother* 后，教师安排了仿写作业：I grow up（长大了）. I'm not baby. I can do many things. I can help my mother clean the house and rooms. In the morning, I usually help my mother make the bed and sweep the floor. I sometimes cook eggs for my family. I make breakfast and put the dishes on the table. In the evening, I always read the newspaper for my father and mother. I'm happy to help my mother.

提示：make breakfast/lunch/supper

wash the dishes/clothes/vegetables

put the dishes on the table

brush the shoes

clean the windows/house/room

sweep（打扫）the floor

make（整理）the bed

cook food（eggs，meat，rice，porridge …）

look after（照顾）my brother/sister

read newspapers for my father and mother

　　教师还可以建议学生根据故事情节，设计一幅最有创意、最能表现故事内容的连环画；学生用自己的语言复述或改编故事，并进行录音。形式多样的作业，帮助学生有效地巩固了课堂所学，将学习由课内延伸到了课外。

七、信息技术环境下小学英语写作教学整合模式

　　在具体教学之中，信息技术表现出强大的教学氛围创设功能，能够体现出教师的教学理念与教学思路，从而使教师的教学意图更加具体化，教学行为更具指导性，有助于强化学生参与英语写作训练的动机，使师生之间的信息交流更加直接和明朗，能够弥补小学生理解力差的缺陷，大幅度提高小学生的信息获取量，提高师生信息交流与合作探究的档次，为小学生的英语写作训练提供大量素材，从而最大限度地开发出信息技术的资源优势，实现知识化、先进化、合作化、情感化英语写作训练环境的科学构建，成功加速小学生英语写作训练的快速发展。

（一）教师利用信息技术创设出良好的英语写作氛围

　　在小学英语写作训练过程中，如上教版小学英语（三年级起点）四年级上册 Unit 7 *At school* 描写学校场所，教师可以提前将本学校各个场所如教室、教师办公室、图书馆、音乐教室等进行拍照，获取与英语写作训练内容有关的高清图片，并将获得的图片利用信息技术进行简单加工，将实物的名称、颜色、大小等内容直接标注在图片上，最大限度地提高图片的信息量。然后在英语写作训练过程中教师再利用多媒体将小学生需要描述的学校内的各个场所一

一展现，能够强化小学生对自己学校的了解，激发他们对学校的热爱，也能提醒小学生应该在写作训练过程中书写的内容。在此过程中以信息技术为基础的多媒体展示图片实现了直观教学，起到了很好的强化效果，激发小学生进行英语写作训练的学习兴趣。

小学生的身心发展刚刚起步，对外界事物的观察往往"过目就忘"，而且，小学生对周围的熟悉环境经常会"熟视无睹"，明明就在身边的事物，也会视而不见，如教室的窗户、门、桌子、椅子、鲜花以及各物体的形状大小、颜色，明明天天能够看到这些事物，但在写作训练过程中总觉得自己没有什么具体内容可写。因此，教师用信息技术支持下的多媒体将小学生应该写入写作训练的教室事物一一展示，能够提醒小学生应该写什么，而多媒体上出现的关于事物的颜色、大小等单词，还能够提醒小学生应该怎么描述教室内的事物。

总之，教师借助信息技术展示小学生英语写作训练过程中需要涉及的内容，不但能够有效降低英语写作训练的难度，使小学生能够顺利完成英语写作训练，有效培养小学生对英语写作训练的积极性，还符合小学生的身心发展特点和认知规律，极大地提高课堂教学的针对性和科学性，为小学生英语写作训练课堂效率的提升奠定了坚实的基础。另外，教师在利用信息技术支持下的多媒体展示教室图片时，小学生会发现自己眼中的教室和教师眼中的教室是不一样的，从而能够激发小学生仔细观察教室布局及事物的好奇心，有助于小学生观察能力的科学发展。

（二）教师利用信息技术提高课堂教学的知识含量

教师利用信息技术支持下的多媒体展示句型"There is + 物 + 地点"，能够提高小学生对知识模块的认识，有助于将模型教学引入小学英语教学，创设出良好的英语教学情境，进而极大地降低英语学习的难度，也能够实现英语知识的直观化和具体化。英语模型教学是增加小学生英语语法知识、提升写作能力与表达能力的有力抓手，能够引导小学生像"玩积木"一样熟悉"各句子成分"的彼此位置关系和前后衔接顺序，从而帮助小学生形成对句子结构的直观认识，提高对句子整体结构的把握和运用能力，进而直接促进小学生书面表达能力的大幅度提高，为小学生高效开展英语写作训练奠定坚实的能力基础。另外，模型教学是现代教育教学理论中比较科学和实用的教学策略，能够为小学生进行知识学习提供一条简单易行、科学高效的教学方法，能够有效促进小学生的知识学习，极大地提高小学生课堂认知的效果，有效推动小学生的科学发展，也为课堂教学理论研究提供强有力的实际支持。

在小学生进行英语写作训练过程中会遇到很多英语语法知识的使用，而且小学生初学英语就写英语作文，在英语语法的使用方面的确存在较大困难，需要教师积极帮助小学生渡过英语语法难关。教师在英语写作训练过程中又不能长篇大论地为小学生讲解英语语法知识，只好借助信息技术支持下的多媒体的演示功能，将主要的语法知识以知识模型的形式展现，让小学生在看到公式化的英语语法知识模型后，能够将英语语法学习转变为模型游戏式学习，从而实现学习难度的大幅度降低。而且小学生在英语写作训练过程中通过对英语语法模型的多次使用就会慢慢掌握这一语法知识，实现英语写作训练对语法学习的推动作用，促进小学生英语学习的科学发展和高效进行。例如，小学生看到句子"There is a white door in our classroom."就会将句子的实物换掉，句子就会变成"There is a white desk in our classroom."或"There is a white chair in our classroom."小学生也可以把颜色换掉，如"There is a yellow door in our class-room."还可以将地点换掉，如"There is a white car under the tree."

总之，教师利用信息技术支持下的多媒体的展示功能将小学生英语写作训练过程中需要用到的语法知识模块化、语法内容模型化、语法学习直观化，还营造出良好的教学情境，从而大大降低了小学生学习英语的难度系数，极大地提高了小学生进行英语写作训练的课堂效果，也极大地培养了小学生的英语学习兴趣，激发出小学生英语学习的积极性和主动性，实现小学生英语学习的良性发展。教师的教学行为与教学理念对小学生的英语写作训练发展具有非常直接的影响，因此，教师要经常反思自己的教学思想、教学行为和教学效果，探寻自己的教学行为能否直接促进小学生英语写作训练的科学发展，是否对小学生的写作训练、健康成长具有积极意义，主动将自己塑造成小学生幸福成长、全面发展的良师益友。

（三）教师利用信息技术进行赏识教育

教师利用信息技术支持下的多媒体展示小学生的优秀作文，并作为范例进行教学评价，能够刺激小学生产生极强的满足感、成就感，激发小学生的自信心和良好的情感体验，进而形成良好的学习积极性和主动性，帮助小学生养成良好的学习习惯，真正实现小学生英语写作训练的科学发展。小学生看到自己的英语习作在大屏幕上展示，自然就会非常高兴。另外，教师利用多媒体展示小学生的英语习作的做法属于赏识教育的有效措施。赏识教育是现代教育教学理念的新兴教学策略，能够提升小学生在英语写作训练过程中的情感体验，为小学生的英语写作训练创设一个愉悦、快乐、幸福的教学氛围，通过提高小学生在英语写作训练过程中的情感体验，激发小学生主动进行英语写作训练的积极性和主动性，也为激发小学生在英语写作训练中的创造性奠定坚实的基础，培养小学生对英语写作训练的学习热情，焕发生命活力，真正实现自主成长。

虽然小学生身心发展刚刚起步，很多能力的发展状况还不能令人满意，需要教师的帮助与引导，才能够正常进行，但是小学生却有一颗非常敏感的内心，渴望得到别人的关注和认可，更渴望获得别人的肯定与赞扬。其实，任何人都希望自身价值获得外界的认可，获得自尊和自信心。而教师用信息技术支持下的多媒体将小学生的习作通过大屏幕展示出来，能够对小学生产生极强的良性刺激，进而促使小学生产生满足感和自豪感，从而使小学生的大脑处于活跃状态，情绪处于激动兴奋状态之中，小学生的英语写作训练就会进入一种高效率、高体验的良性循环之中，有利于小学生良好学习习惯的养成。

总之，教师利用大屏幕展示小学生的习作，运用了赏识教育的教学策略，从而给予小学生良好的情感体验，形成积极主动的认知情绪，将小学生的学习状态调整到最佳，非常有利于小学生英语写作训练的科学发展。同时，教师应积极提升个人的教学理念，主动探究提升小学生学习体验和认知效果的科学策略，引导小学生快乐学习、健康成长。

（四）教师利用信息技术进行情境教学

教师利用信息技术支持下的多媒体播放轻音乐，有助于营造轻松、自由、愉悦的学习氛围，用艺术之手轻启小学生的认知之门，实现小学生的快乐认知、健康成长。良好教学情境的建立对于小学生的英语写作训练发展非常有好处。小学生的想象力非常丰富，艺术天分很高，对艺术的感知很强，适合用艺术开启小学生的心智。在良好教学氛围之中，小学生的想象力、创造力和思维能力都获得了提升和发展的广阔空间，从而使小学生在英语写作训练过程中进入开放、积极的良好状态。

小学生的情绪会因为外界氛围的改变而发生变化，他们对外界环境拥有很强的感知能力，而且这种感知能力往往会超乎成年人的想象，尤其在艺术感知与理解方面，小学生的想象力、开放思维、无拘无束的天性、纯真天然的思想都与艺术内涵"近在咫尺"，很容易与艺术产生情感、思想方面的共鸣。所以，教师要积极利用小学生的这一身心发展特点，用艺术手段为小学生的英语写作训练构建出人性化、科学化的情感氛围，激发小学生的参与意识，引导小学生一步步地成为课堂学习的主人，积极发挥小学生的学习主体作用，提高课堂学习效果。

总之，教师利用多媒体实现了情境教学，能够给予小学生良好的情感刺激和氛围刺激，积极提升小学生对外界的感知能力，让小学生在一个开放、愉悦、快乐的学习氛围中幸福地进行英语学习。情境教学是实施素质教育体系的有力抓手，旨在激发小学生的学习动机、培养小学生的学习兴趣，通过开发小学生的内在动力高效开展英语写作训练，并养成良好的学习习惯。

八、信息技术环境下小学英语复习教学整合模式

我国学者鲁子问从学习者、学习需求和教学内容三个要素出发，结合教学设计的一般模式，提出了小学英语教学设计的四个环节：分析、设计、评价和修正。分析环节主要包括需求分析和教材分析，在实际的教学中，教师通常以课程标准为主，基于学情和教材分析进行教学设计。设计环节主要是教案的撰写，包括教学目标、教学内容、教学策略、教学媒体等要素。评价环节包括基于文本分析的评价和基于课堂观察评价两种方式。修正环节强调在评价和反思的基础上，对上述各环节进行不断修正从而帮助教师优化教学。本书主要围绕分析与设计环节展开研究。

以下在调查研究和课例研究的基础上，基于教材二次开发理论，以人教版小学英语（三年级起点）中的 Recycle 单元为例，提出具体的小学英语复习课教学设计的优化建议，主要从教学内容的选择和处理、教学活动的设计和优化、教学策略的使用和调整以及教学资源的开发和建设四个方面展开论述。

（一）教学内容的选择和处理

现阶段，我国小学英语的教学内容主要来自教材，因此，在确定具体的教学内容之前，教师必须先对教材进行分析。以人教版小学英语（三年级起点）教材为例，教材主要以单元话题为主线，在语言知识上呈现螺旋式的编排，由

浅入深，由易到难。同时，教材还注重对学生的情感教育以及正确价值观的养成。但是由于教材编写受到时空限制，教材中的语料可能会存在脱离学生当下实际生活的情况，缺乏一定的真实性。此外，教材中存在的大量重复性或封闭式的活动容易束缚学生的思维，教师需要对这样的活动进行灵活的处理，使之更具开放性。

此外，当前小学英语课堂上一方面仍然存在教师被动地、机械地使用教材的现象，对教材中的内容不加批判地全盘接纳，对教材中的活动和作业不加筛选；另一方面教师对于教材缺乏主动性和创造性，也缺乏教材二次开发的意识，无法对教材内容进行有效整合，对教材结构也没有整体把握。因此，教师可以遵循一定的教学理论，借鉴英语教学中处理和加工教材的方法，对教材内容进行适当的调整。

教师对于教材内容的选择和处理可以围绕以下三个方面：一是整合教材的相关话题；二是关注教材的文本处理；三是挖掘教材的文化内涵。

1. 整合教材的相关话题

《义务教育英语课程标准（2022年版）》规定了小学毕业要达到的二级目标，其中，二级的主题内容要求在"人与自我"、"人与自然"和"人与社会"三大范畴下涉及了学习与生活的自我管理、校园与社区环境保护、公益劳动与公共服务、地球与宇宙探索等23个子主题。这些子主题在人教版小学英语（三年级起点）教材中的分布比较分散，同一单元内可能会存在多个话题，并且不同年级对同一话题的学习在词汇、句型、语篇的难度上均有不同。因此，教师在进行复习课教学时既需要考虑学生在前一阶段已经掌握的语言知识，同时要为下一阶段的教学进行铺垫。

2. 关注教材的文本处理

教师需要关注教材的文本处理，包括教材中的对话、语篇和听力材料等，根据教学的需要对文本进行处理和加工，通过增删、调整、替换和改编的方式使文本更加有价值。以人教版小学英语（三年级起点）教材为例，在三年级和四年级的Recycle单元中都有"Read aloud"板块，这一板块的教学要求是让学生能够理解图片中的故事情景并能够将对话内容完整地表演出来。而在五年级和六年级的Recycle单元中则有专门的语篇学习，这些语篇的长度和难度相较于小学低段有明显增加，并且语篇的形式通常以邮件、日记、诗歌或歌曲为主。因此，教师需要对语篇的内容进行适当的处理和加工，让学生能够更加迅速准确地获取文本中的信息，掌握一定的阅读技巧，从而提高学生的阅读素养和阅读能力。

同时，除了教材本身提供的阅读文本外，教师也有必要对难度较大的听力材料进行处理，帮助学生更好地理解文本信息，并且能够进行一定的迁移和运用，而不是仅仅关注语音或听力的问题。以人教版小学英语（三年级起点）四年级下册 Recycle1 中的 "Listen, tick and say" 板块为例，教师在播放听力材料后，可以呈现听力材料的内容，在讲解后，再向学生播放一段真实的天气预报，让学生从中选取一个感兴趣的城市，并以接龙的形式进行描述。教师可以为学生提供如下模板：

Good morning!

This is the weather report. Today, it's … and it is … degrees. In …, it is … and …

Well, that's the weather report for today. Thank you, goodbye!

3. 挖掘教材的文化内涵

语言作为文化的载体，兼具工具性和人文性。在义务教育阶段英语课程的总目标中，对于提高学生的综合人文素养和文化意识有明确要求。英语作为一门外语，在教学中需要注重培养学生的文化知识和文化理解能力。因此，在备课的过程中，教师不能仅仅关注知识本身，还要挖掘教材的文化内涵，在教授语言知识的同时，引导学生认识世界文化的多样性，了解中西方文化的差异，从而更好地增进学生对不同文化的理解和认识，提升跨文化交际意识和能力。

人教版小学英语（三年级起点）教材中涉及的文化内容可以大致分为节日、文学作品、生活方式、饮食文化、地理知识等。有关节日的复习，教师可以选在特定的节日进行，帮助学生了解不同节日的文化背景，以及不同的节日习俗。关于文学作品的学习，教师可以在诗歌等特殊体裁的教学中让学生感受诗歌的韵律，接受优秀文学作品的熏陶。关于饮食文化的学习，教师可以播放一些美食纪录片，如《风味人间》《城市的味道》《人生一串》《舌尖上的中国》等，让学生对于我国美食文化有更多的了解，同时也可以观看其他国家的美食纪录片，如《主厨的餐桌》《面条之路》等，了解不同国家、地区的饮食差异。关于地理知识的学习，教师可以通过《国家地理》杂志、纪录片等资源，让学生观赏和领略各地的风土人情，补充一些跨学科和跨文化知识。

（二）教学活动的设计和优化

英语课程作为一种以实践性为主的课程，在学习中需要进行大量的语言实践活动。教师通过对教材二次开发，能够为学生提供更具有挑战性和多样化的活动。此外，教师在活动的设计上需要体现出活动的相关性和衔接性，避免单一类型活动的重复和多个活动的简单拼凑。因此，教师要在设计教学活动时充分考虑到教学环节之间的层次性，注意活动的开放性和有效性。

教师可以在复习课中增设三种类型的活动：一是增设任务型活动；二是增设项目型活动；三是增设情感态度活动。

1. 增设任务型活动

任务是在课堂教学所模拟的真实情境中，学习者为达到语言学习目的所进行的各种有意义的语言输出活动。将任务的类型分为语言交际任务和语言形势任务两类，其中语言交际任务包括交换信息型任务、拼图型任务、解决问题型任务；语言形势任务包括游戏型任务、全身反应型任务、表演型任务、歌唱型任务、调查型任务。通过增设任务型活动，可以让学生在完成任务的过程中积极地使用目标语言进行交流，实现目标语言的输出。

拼图型任务和表演型任务更加适用于小学低段的英语复习课，如人教版小学英语（三年级起点）三年级和四年级Recycle中"Read aloud"这一板块的教学。以四年级上册Recycle 1中的"Read aloud"为例，教师可以在讲解之后打乱六幅图片的顺序，让学生进行排序，并以Pair work的形式进行表演；在四年级下册Recycle 2中的"Read aloud"中，因为角色较多，教师可以让学生以小组为单位进行角色扮演，再共同选出表现较好的小组进行奖励。表演型任务通常花费的时间相对较多，教师在课堂上需要把握好时间的合理分配，为了节省课堂时间，可以让学生自己提前进行适当的演练后再在课堂上进行呈现。

全身反应型任务和歌唱型任务在英语教学中的使用频率也相对较高。而且全身反应型任务通常情况下都会和歌唱型任务搭配使用，比如教师在教学过程中会利用一些简单的英文歌曲和chant来调动学生或是进行热身，尤其是在小学低段的英语教学中。教师通常会在演唱歌曲或chant时设计一些动作，让学生一边唱一边打拍子或做手势，能够较好地调节课堂的气氛，也比较符合低年级学生的年龄特点。在教材的分布上，人教版小学英语（三年级起点）三年级的 Recycle 中有专门的"Sing a song"板块，四年级上册的 Recycle 2 中也有"Let's sing"板块。

游戏型任务作为小学英语教学中最常用的活动，不管是在导入环节还是在操练环节中都经常被使用。笔者通过对人教版小学英语（三年级起点）教材中 Recycle 部分所有的游戏型任务进行了简单的汇总和分析，将其大致分为以下两类。

一类是由个人独立完成的游戏，如人教版小学英语（三年级起点）三年级上册 Recycle 1 和 Recycle 2 以及三年级下册 Recycle 2 中的"Go up the ladders. Go down the snakes."都是可以由学生独立完成的游戏型任务，但是这类任务在实际教学中往往容易被忽视，并且多以课后作业的形式布置。以三年级下册 Recycle 2 中的游戏为例，教师可以对这一游戏进行拓展和加工，让学生在此基础上获得对已学词汇的复习和分类，充分利用和挖掘图片中的信息。

另一类是由多人参与的游戏，如人教版小学英语（三年级起点）四年级上册 Recycle 1 和 Recycle 2 中的"Play a game"以及五年级下册 Recycle 2 中的"A game：Animals and dates"，考查的都是学生对主要句型的掌握，区别在于前者的形式是双人竞赛，后者则是合作接龙。以四年级上册 Recycle 1 中的游戏为例，教师可以对这一游戏进行拓展和加工，让学生在回答问题的基础上，进行语篇的创作。

2. 增设项目型活动

项目型活动与项目学习是紧密联系的，项目学习是指学习者围绕具体的学习项目，选择最优化的学习资源，在实践体验和探索创新中获得知识，形成专门技能。项目学习作为一种有效的学习方式，既可以是个体项目，也可以是小组合作项目。但是，项目型活动的开展通常更适用于高段的英语教学，一方面是因为学生的认知水平会随着年龄的增长有所提高，另一方面，学生的知识储备和各种技能经过了一段时间的英语学习后也得到了一定的发展，能够胜任更高难度的学习任务。项目型活动既可以基于话题，又可以基于主题提出项目学习的操作模式，为项目学习的开展和实施提供了思路。

以人教版小学英语（三年级起点）五年级上册 Recycle 1 中的内容为例，这一板块的教学内容主要是让学生根据菜单上提供的信息完成对话内容。但是，在学生基础知识掌握较好和能力较强的情况下，教师可以设计不同难度和不同主题的项目型活动，为学生提供多个选择，"舌尖上的中国"的难度较低，内容是让学生收集一种或多种生活中的食物，并向同学和老师进行推荐；"饮食与健康"的难度居中，学生可以自行查阅有关的食物金字塔，为餐馆设计一份比较科学健康的菜单；"食物分析图"的难度较高，主要是描述不同颜色或不同类型的食物对人体健康的作用。以上三种活动，学生可以通过海报、宣传册、课件的形式进行呈现和汇报。这一项目型活动较好地体现了分层教学的理念，学生可以根据能力和兴趣进行选择，在一定程度上满足了学生的个性化需求。

3. 增设情感态度活动

在当前的小学英语复习课教学中，教师往往更加侧重于语言知识的归纳和整理，对于情感态度的教育存在缺失。此外，情感态度活动的设计应该基于教材本身的内容和话题，而并非孤立地生硬地进行。一方面，教师可以直接借助教材中提供的故事和文本，对学生进行情感态度的教育，以人教版小学英语（三年级起点）六年级上册 Recycle 2 中 68 页的内容为例，教师在进行语篇的讲解之后，可以向学生提问"为什么故事中这位贫穷的渔民最后获得了商人的奖励，而另外两个人却没有得到？""你从故事中学到了什么道理？"通过对学生的引导，让学生知道"诚实是一种可贵的品质，在生活中我们要做一个诚实的人"。

另一方面，教师可以结合教材内容设计相关的情感态度活动，以人教版小学英语（三年级起点）四年级上册 Recycle 2 为例，这一单元主要是围绕圣诞节展开，涉及节日习俗、圣诞老人与驯鹿、圣诞歌曲等多个板块的内容。教师除了对教材内容进行讲解外，可以从以下两个方面进行情感态度活动的设计。

（1）围绕中西方节日文化，通过一些真实的新闻报道或者图片，让学生对社会中真实存在的现象和问题进行思考，比如"你觉得中国人应该过洋节吗？"活动可以以采访、辩论、演讲的形式进行，教师可以借此培养学生正确的价值观。

（2）教师可以借助节日这一特殊的话题，让学生进行节日贺卡的制作，向家人、老师和同学表达节日的问候，也可以用写邀请信的方式，邀请自己的好朋友和自己一起度过一个快乐的节日。

（三）教学策略的使用和调整

广义的教学策略包括教师教的策略和学生学的策略；狭义的教学策略专指

教师教的策略。依据不同的构成成分，教学策略可分为三种，分别是教学组织策略、教学传递策略和教学管理策略。鲁子问在此基础上进一步对教学策略进行了划分，并结合小学英语教学进行了系统的论述。以下主要从教学组织形式策略和教学内容形式策略两个方面进行探讨。

1. 教学组织形式策略

教学组织形式即根据教学目的选择集体授课、小组学习、个人学习等形式实施教学，以实现教育教学目标。在英语教学中，教师经常会采用pair work和group work的形式开展特定的口语交际或者角色扮演的活动。在进行小组学习之前，需要按照"组内异质，组间同质"的原则进行分组，通常为4人或6人为一组。然而，目前大多数教师在分组时往往倾向于按座位就近进行分组，这样的分组方式无法保证组内成员的差异性和互补性。在小学英语复习课教学中，教师可以采用小组的形式进行角色扮演，如人教版小学英语（三年级起点）三、四年级教材的Recycle中的"Read aloud"板块的教学，但在五、六年级的教材中这样的角色扮演类活动通常较少，教师一方面可以对教材中原有的语篇内容进行加工和处理，另一方面也可以根据实际的教学需要补充相应的语篇材料，布置相应的任务，让学生开展小组活动。

此外，自主学习作为一种学生必须具备的能力，尤其是小学高段的英语教学和复习课教学中，教师要注重学生自主学习能力的培养，同时也体现了对学生学习风格的尊重。但是在学生自主学习的过程中，教师不能够作为旁观者，而是应该扮演好教学活动的组织者和引导者的角色。当学生遇到不能解决的问题时，为学生提供及时必要的帮助，同时要对学生富有创意的思路或者成果给予肯定和鼓励。在复习课的教学中，教师应该适当留一些时间给学生进行语言知识的整理和知识系统的建构。教师可以在学生自主归纳和建构之前提供模板和框架，让学生能够有所参照，也可以在学生进行自主整理和复习后，再进行适当的拓展和补充。

2. 教学内容形式策略

小学英语教学内容形式策略包括有机整合组织策略和支架式组织策略。有机整合组织策略是指基于某一特定主题或话题进行教学内容的有机整合，既可以由教师主导完成，也可以由学生自行整理；支架式组织策略则是指教师利用最近发展区，为学生的学习搭建支架。这两种策略目前在小学英语复习课教学中使用得都比较广，教师可以在提供支架的基础上，让学生进行有效地自主整合。

（1）有机整合组织策略。

有机整合组织策略主要可以围绕不同的话题和主题两个方面展开，帮助学生整理和归纳与不同的话题以及不同的主题相关的词汇、短语、句型和语法，对教材内容进行整合和重组。笔者以人教版小学英语（三年级起点）四年级下册 Recycle 1 中的内容为例，进行了基于话题"Time"and"Weather"和主题"John's Day"的整合，同时选取了部分学生基于其他话题和主题进行整合的作品进行展示。

（2）支架式组织策略。

鲁子问提出，英语教学可以使用以下六种教学支架方式，分别是提供范例、桥接新旧知识、提供语境、建构图式、改编或重组课文、发展元认知学习策略。通常情况下，教师更倾向提供范例和语境，以及对教材内容进行改编或重组的方法。

以人教版小学英语（三年级起点）四年级下册 Recycle 1 的"Read aloud"为例，学生可以从课本里面 Sarah 和朋友的对话中获取相应的信息，并自主地对信息进行分类和梳理。而对于能力水平较低的学生或者较难的语篇和故事，教师可以通过相应的配对活动帮助学生对故事的时间、地点、人物和事件进行梳理。最后教师可以提供一个模板，让学生对故事进行一个复述，或者根据相关的提示进行课文的重组。

以人教版小学英语（三年级起点）四年级下册 Recycle 1 的"Read and circle"为例，教材中的六幅图片分别描述了 John 从上午 6：00 到下午 3：15 的活动，教师可以从课本创设的语境入手，设计续编的活动，让学生想象 John 在下午 3：15 之后还会进行哪些活动。对于能力水平较低的学生，教师可以给学生提供一个 Word Bank，让学生在里面挑选合适的活动，帮助 John 完成一天的日程安排，并根据教材中的六幅图片，完成句子的仿写。

（四）教学资源的开发和建设

课程与教学资源是指能为课程与教学活动所用并满足其需要的一切素材和条件。课程资源和教学资源是同一概念，只是分别从课程研制者和教师的角度提出的。本书主要介绍的是以教师为主体进行教学资源的开发和建设。当前，小学英语教师在进行教学时，除了使用教材配套的教具、单词卡片、光盘等资源，还会选用一部分网络上的资源，如新闻报道、歌曲、图片、视频等。笔者主要选取了绘本、信息技术、折叠大书三种教学资源进行论述。

1. 绘本资源的选用

近年来，随着自然拼读法的推广和普及，英文绘本和分级读物越来越受到我国教师和家长的欢迎。2016年外研社出版的《中国中小学生英语分级阅读标准（实验稿)》为我国中小学英语教学提出了新的方向和更高要求。我国大多数中小学的英语课堂中也开始引入各类绘本和分级读物。当前在我国使用的绘本既有国外的原版英文绘本，如牛津树、RAZ（Reading A to Z）等，也有我国自主开发的英文绘本和分级读物，如黑布林英语阅读、大猫英语分级阅读、多维阅读等。

在我国，外研社出版的"丽声"系列在英语教学中使用较为广泛，包含"分级阅读""自然拼读""启蒙阅读"三类教材，分别针对不同年龄阶段和不同英语学习阶段的学生。本书主要介绍《丽声北极星自然拼读绘本》，这套自然拼读绘本共分为6级72册图书，覆盖了字母音、短元音、长元音、辅音、双元音等所有常见的拼读知识点。因为当前小学低段的英语复习课教学中通常会涉及语音知识的复习，教师可以结合《丽声北极星自然拼读绘本》，让学生在绘本学习中尝试拼读，通过自己的努力和教师的指导准确地把握具体的发音规则，并指导学生在阅读中进行"拼读"练习。另外，通过风格多样、题材丰富的绘本故事和分级读物，可以让学生感悟故事中蕴含的道理或者丰富课外知识，增强学生的情感体验。

英文绘本和分级读物的教学虽然在近年来发展得如火如荼，但是总体上很难普及和推广。一是由于城乡学校之间的差异，大多数采用绘本教学的学校都在经济较发达地区，而大部分的乡村学校由于受到种种客观因素的限制，不具备充足的可供选择的绘本资源，因此，绘本教学不能得到很好的开展和实施。二是因为自然拼读法虽然在当前的英语教学中有一定的影响，但是也存在诸多争议。此外，关于小学阶段英语音标的教学对于很多一线小学英语教师来说存在一定难度，而在小学英语复习课中对于语音知识的关注也还远远不够。

2. 信息技术资源的开发

随着计算机和多媒体开始进入教学领域，我国课堂教学也产生了一系列的变革，多媒体成为辅助教师教学的重要手段和提高教学效果的重要工具。信息技术在促进外语教学方面具有巨大的潜力，具体体现在以下九个方面：①丰富教学资源；② 营造教学环境；③ 创设学习情境；④ 促进交流；⑤ 教学对象个性化；⑥ 教学管理自动化；⑦ 教学评价智能化；⑧ 人才培养时代化；⑨ 计算机网络与外语课程的整合。

随着信息技术课堂这种新型教学模式的出现，各种类型的信息技术也层出不穷。信息技术作为一种新型在线视频课程，是教师以微型教学视频为载体，依托视频制作软件，针对某一知识点或教学环节而开发的一种情景化、支持多种学习方式的课程。信息技术具备暂停、回放等功能，可以实现反复观看，学生一边看一边做笔记，有利于自主学习的开展，但是对于自制力不强的学生而言，信息技术的作用和效果无法得到充分的发挥。

目前，小学英语教师在教学中使用信息技术的情况相对较少，尤其是对于偏远地区小学而言，很多留守儿童缺乏应用信息技术观看视频和课件的工具和设备。但是，目前在经济较发达的地区，部分学校发挥学校或教研组的集体力量，开展了小学英语信息技术资源的建设，也有学校尝试将信息技术与英语课堂相结合。与课堂教学相比，信息技术下多媒体的应用具有反复观看的优势，对于课堂上存在的问题，学生可以在课后观看多媒体视频或课件并找到相应的答案。同时，教师还可以将多媒体视频或课件作为学生课前预习或课后复习的工具，让学生通过多媒体视频或课件的学习提前感知将要学习的内容或者温习已学的知识。

教师一方面可以独立进行多媒体视频或课件的制作，也可以直接借助网络平台搜索和挑选一些与教学内容相关的多媒体视频或课件，或者将教学中涉及的一些重点和难点稍加整理后制作成多媒体视频或课件，供学生反复观看和学习。在当前的小学英语复习课教学中，教师更加侧重于词汇和句型的归纳，对语音知识和语法知识有所忽视。教师可以借助相关软件录制5~10分钟的多媒体视频或课件，如对某一字母（组合）的发音或某一个语法知识点进行讲解，帮助学生攻克学习中的重点和难点。

3. 折叠大书的制作

折叠大书（Lap book）是指根据不同需求和目的，基于单元主题内容收集的相关素材，并且以融合多种形式迷你书的立体大书形式，呈现既定主题下的关键信息和详细内容。折叠大书作为一种学习工具，具有记录研究、组织资料、美学创作、展示交流四大功能。

折叠大书作为近几年才兴起的一种新型工具，目前在欧美国家比较流行，而在我国的研究和使用相对较少。但是，折叠大书具有不受学科和地点限制并且适合各个年龄段使用的优点，能够为学生提供一种高效的学习方法。尤其是当教师确定了与教学内容相关的主题后，既可以在课堂上指导学生独立完成或以小组合作的形式进行折叠大书的制作，也可以采用课后作业的形式，让学生在家中和家人一起制作。

在小学英语复习课教学中，教师不仅要注重知识的整合，也要注重知识的建构和学生认知的发展。折叠大书的使用对于学生空间智能的发展以及思维品质的提升都有很大的帮助。学生在进行折叠大书的制作时可以根据学习内容或者自己的偏好选择不同款式。尤其是对于小学阶段的学生而言，这种动手制作的作业相比传统的抄写作业和练习更具吸引力，能够更好地调动学生的积极性，并且让学生在制作过程中获得不同的学习体验，寓教于乐。此外，借助折叠大书，教师能够让学生在归纳总结知识的同时培养学生自主整理和自主复习的能力。

本章小结

1. 实现了"四大转变"

（1）教学策略的转变。

信息技术进入课堂，促使课堂教学由"以教师为中心"的单向灌输式教学方式转变为"以学生为主体，教师为主导"的师生双向协调发展的"探究型"教学方式，教学过程由过去的"问答式"递进转变为现在的"探究式"递进，教学方法从过去的灌输式、填鸭式的教学转变为现在的启发式、独立研究式和协作探究式的教学，教学手段从过去单纯的教具演示或实验，转变为现在运用多媒体网络信息技术，为学生营造了形象生动的学习情境，提供了丰富的学习资源，从而激发了学生学习兴趣，提高了学习效率，促进学生主动发展。

（2）教学组织形式的转变。

尽管目前课堂教学组织形式仍旧是班级授课制，但由于信息媒体的介入，一则学生可以通过人机交互、小组合作、个别自学等多种形式开展学习，二则由于有了计算机网络这一中介媒体，打破了原来固有的课堂组织形式，学生可以通过计算机网络根据自身需要自由地选择学习内容，下载学习信息，并自由地选择合作、交流的对象，使学习的时空得到了无限的拓展。这样在班级授课制中"面向全体"和"因材施教"的原则得到了最大限度的贯彻，也发展了学生的个性特长和创新精神。

（3）教学内容的转变。

计算机信息技术在课堂教学中的运用，使课堂教学内容发生了深刻的变化，在课堂教学过程中学生以"教材"为基本内容，运用网络中的信息，自由地搜集、发现资料，并根据自身需要加以运用。网络信息不仅拓展了学生的学习内容，改变了学生的学习方式，同时也使学生树立了正确的知识观。懂得课本知识只是一种关于某种现象的较为可靠的解释和假设，并不是解释现实世界的"绝对参照"，随着社会的发展，科学知识肯定要发展和更新，这样十分有利于发展学生的创新意识和实践精神。

（4）师生角色地位的转变。

在信息技术与英语教学整合的教学模式研究过程中，教师、学生的角色关系在逐步地发生改变。课堂上，教师不再是权威和知识的化身，成了学生学习的促进者，学生是课堂的主体。研究中，我们确立了学生的主体地位，教师、教材、信息技术、教学任务都为学生的学习服务，学生与教师之间的关系如下：学生是知识意义的主动建构者，是教学的主体；教师是教学过程的组织者、指导者、意义建构的帮助者、促进者。

2. 教学任务是学生学习的目标

教材所提供的知识不再是教师传授的内容，而是学生主动建构意义的对象。

信息技术也不再是帮助教师传授知识的手段、方法，而是用来创设情境，进行合作、自主、探究学习的一种认知工具。

信息技术融入到教学中去，大大增强了学生动手实践的能力，学生可以制作演示文稿，网上搜集资料，把自己的观点具体化，并通过声、色、形的完美组合达到学生的预期效果，激发了学生学习、探究的兴趣，并在交流展示中品尝到创新的乐趣，将学习变为学生成长的内在动力，帮助学生为将来做准备，适应信息时代的要求。

第七章　信息技术环境下小学英语整合教学设计

一、信息技术环境下小学英语教学课程资源

切实有效的教学资源开发与利用策略对小学英语教学大有裨益。小学英语教师只有获取系统全面的优化策略，才能更好地完善教学实践以促进英语教学。本书将开发与利用概念细化，针对教学资源在教学过程中经历的产生—存在阶段，分别提出开发与创造策略、收集与获取策略。每一阶段又分别以资源发掘、资源捕捉、资源取舍、资源回应四个角度为突破点，并结合教学案例逐一阐述错误资源、差异资源、问题资源、偶发资源的开发与利用问题，以期改进小学英语教师开发与利用教学资源的实践活动。

（一）开发与创造策略：针对产生的潜在性，发掘教学资源

小学英语教学资源产生的潜在性是其产生阶段的重要特征。小学英语教师在这一阶段应重点发掘错误资源、差异资源、问题资源、偶发资源。下面将从更新传统教学观念、营造和谐教学氛围、设计弹性教学预案、实施互动教学模式四个方面，勾画小学英语教学资源的开发与创造策略。

1. 更新传统教学观念，挖掘错误资源

教学观念是教学行为的前提和基础，任何一种教学行为都是在一定的教学观念指导下进行的，倘若教学观念没有合乎时代的要求，那么就无法产生符合时代需要的教学行为。教师的教学观念转变滞后是新课程改革在其推进过程中面临的一个重要问题和症结。尽管近些年新课程改革的实践探索进行得如火如荼，可是新课程理念难以使全体教师认同，有部分教师对于新课程理念懵懵懂懂，也有部分教师主观臆断，接受新观念。传统教学观念并不意味着落后糟

粕，也不能全盘否定。这里旨在强调教师需要保持革新精神和批判意识，不断更新自身的教学观念。面对新课程理念倡导的教学资源，教师应基于先进的教学观念，思考如何对其进行有效地开发与利用。若一味故步自封，纵使课堂中存在大量教学资源也形同虚设。

小学英语教师受传统教学观念的影响，在对待学生错误的问题上易陷入"或者有错必纠，或者放任自流"的误区。一方面，小学英语教师受功利主义教学观念的限制，会出于工具性的目的，以知识灌输为中心，严格要求学生语言知识和语言技能的正确性。因此，凡是学生的错误解答，教师都急于纠错。然而，错误在学生语言学习和完成学习任务中不可避免，教师这一行为不仅使学生失去了犯错的机会，还会浪费宝贵的错误资源。另一方面，仍有部分小学英语教师在处理学生错误问题时遇到这样的瓶颈，即原有传统教学观念与新教学观念冲突导致其产生矛盾心理，怀疑以往教学行为抑制学生自由发展，便转而给予学生充分的课堂权利，甚至对学生的错误不加干涉，这将导致课堂教学资源的流失。语言学习是表情达意的过程，学生出现错误很正常，而教师发掘错误资源也是英语教学的应有之义。

教师应改变传统学生观，用赏识和发展的目光看待学生，避免用一把尺子衡量学生。只有教师以爱为基础，给予学生犯错的机会，才能为挖掘错误资源创造和谐土壤。教师对学生的评价决定了学生是否乐于在英语课堂中积极回答问题。当学生的回答出现偏差时，教师应加以鼓励，利用积极的课堂评价鼓励学生。比如，"You can do better. Have another try!" "Good job. But try again!" "Come on. You are almost there." 等。当学生犯错之后，教师鼓励其再次尝试，这样的做法不仅是对学生的信任，更是对学生错误资源的重视。反之，教师若是一味压制与否定，只会挫伤学生语言输出的热情，久而久之，学生不敢更不愿表达，教师无法判断学生对知识的理解正确与否，挖掘学生错误资源更是空谈。

此外，教师可通过自身有意犯错的方式开发与创造错误资源。传统的教学观念视教师为绝对权威，从自身角度挖掘错误资源的做法说明教师已摆正角色，不再受高高在上形象的牵制。教师假装不经意的出错行为能够激发学生纠错的兴趣，由学生指正错误可使其自然内化易错点。总之，教师恰到好处的出错行为能够引起学生注意，达到辨析教学重难点的目的。然而，只有教师更新教学观念，才有益于转变教学思想以挖掘错误资源。

【教学片段1】

T：（blackboard writing）Do you have a artroom?

S5：You made a mistake. Do you have an artroom?

T：Wow, a teacher is not so good. Don't make mistakes like me. Now let's re-view the differences between a and an.

该教师在板书"Do you have an artroom?"时，有意将an写成a，通过自我调侃引起学生注意，提醒学生纠错，并且强调a与an的用法。教师这一行为不仅帮助学生发现可能出现的错误，还凸显了教学重难点。可见，"低姿态"的教学行为体现了教师教学观念的转变。正是教师树立了积极的教学资源观，才能正视学生错误的价值，才能通过自身故意犯错的方式，发掘错误资源。

传统的教学资源观过度重视条件性资源而忽视素材性资源。条件性资源虽然作用于课程，但不能成为课程的直接来源。而素材性资源不仅作用于课程，而且有可能成为课程的素材或来源，通常包括知识、技能、经验、活动方式与方法、情感态度和价值观。教学资源贴近素材性教学资源之意。也就是说，素材性资源的重视程度更能体现教师教学观念的先进性。大量投资教学媒介、教学环境、人力物力等条件性资源只是教学的外部保障，课堂中的素材性资源才是教学优化的柱石。总之，小学英语教师只有秉持新课程理念，走出传统教学资源观的误区，坚信只要经过正确的引导和挖掘，每名学生都有成才的可能，才能深入关注学生主体，接纳学生的认识偏颇并挖掘错误资源。

2. 营造和谐教学氛围，保护差异资源

通常来讲，教学氛围与教学效率成正比。如果课堂氛围和谐、民主，那么学生思维就活跃，乐于学习，课堂教学效率就高；相反，如果课堂相对沉闷，学生参与学习的积极性就会受阻，课堂教学效率则低。和谐的教学氛围能够带给学生积极、民主、欢悦的情感体验，有利于诱发学生潜在的智能，促使学生迸发创造性、多样性思维。同样，和谐的教学氛围也能为教学资源提供自由活跃的生长土壤。因此，从教学场域的开发角度来说，营造和谐教学氛围有利于教师挖掘教学资源，特别是保护差异资源。也就是说，和谐的教学氛围意味着教师包容学生观点、情感、行为等方面的差异性。具体讲，保护差异资源应顾及下述方面。

首先，和谐的教学氛围有利于师生心理相容，互相接纳。教师应尊重学生个体差异，维护学生的自尊心。和睦友爱的师生关系是实现师生人格相互感化的基础，唯有尊重学生作为独立个体的价值，才能发掘差异资源的教育意义。反之，不和谐的教学氛围易造成师生感情隔阂，导致师生关系紧张，甚至出现信任危机等。尤其当教师无视学生个体差异，言辞举止表现出重优轻差时，不仅会伤害后进生的自尊心，还会造成差异资源的破坏与浪费。

【教学片段2】

T：Next let's read in roles.

（After students' reading.）

T：Which one do you like best? Tell me the reasons.

S1：I think Steven reads best. His pronunciation is good.

T：Great! Anyone else?

S2：I think Nancy reads best. Her voice is louder.

T：You are right. Who else?

S3：I think Toby reads best.

T：Are you kidding? Come on，sit down.

片段2中的这位教师经常要求学生分角色朗读课文，还会选出读得最好的学生。某次朗读后，一名学生表示自己认为某同学读得最好，然而教师还未听该生的理由便着急将这个回答搪塞过去。教师这不经意的回应引起其他学生的哄笑，而那名读音有问题却被同学认为读得最好的学生深深地低下了头。每个学生都有不同的感情需要，教师不仅否决了敢于表达自己真实想法的学生，还打破了那名读音并不出众的学生的心理期待。保护学生的自尊心、尊重学生的差异是教师发现错误资源的前提。

其次，教师在尊重学生人格自主的基础上，应该给予学生充分的选择权利与独立的思考机会。和谐的教学氛围要求教师遵循主体性原则，即强调学生的发展和学生的主体地位对教学的意义。比如，某教师选择口语比赛参赛者的做法就非常切合学生个体发展需要。该教师设计了小组展示和个人展示环节，并且将选择参赛者的权利完全交给学生。教师要求学生自由分组，自由选择内容，展示结束后由其他小组打分，该组分数最高的两名学生进入个人展示。个人展示结束后，再由班里其他学生打分，最终选出口语比赛的参赛者。教师每一次问学生"Are they good? How many points can they get?"和"Do you think he/she is good? Why or why not?"时，都是信任与爱的表现。学生之间存在明显的语言能力差异，教师通过给予权利下放的形式，凭借集体智慧塑造优秀者形象。每名学生在打分和被打分的过程中都能够认识到自己的优势与不足。教师也通过学生互相评价，更加清晰地把握学生之间的差异。总之，这位教师不仅保护了差异资源，还培养了学生理解差异、接受差异的能力。

最后，教师应鼓励学生展现自我，同时教师也需要具备一定理论知识。有些资源是由于学生心理和语言差异造成的，对于这些有价值的信息，教师应秉持"It is the idea of starting where the child is at."的理念，从学生身心所在的地方开始教育。创造和谐的教学环境是教师遵从学生本质的出发点。营造和谐的教学氛围不仅旨在学生本心的良性发展，更是为了师生、生生的互补互动、互促互进。学生之间各具优势与局限，既定的差异是双方共同成长的先决条件。刻板同一的语言教学难以满足学生鲜明个性的学习需要，教师一旦偏向固定标准的教学路径，便有可能怠忽人才多样性和层次性的培养要求。教师应实施差异性教育，鼓励学生表达内心最真实的想法，发掘差异资源，以促进学生多样化发展。

【教学片段3】

T：Now let's do some practice. What do you do at Spring Festival?

S：I get red packets.

T：Do you enjoy getting red packets?

S：Yes, I do.

T：What do you do at Christmas?

S2：I decorate the Christmas tree.

T：Do you enjoy decorating the Christmas tree?

S2：Yes, I do.

T：What do you do at Qing Ming Festival?

S3：I sweep the family graves.

T：Do you enjoy sweeping the family graves?

S3：No, I don't.

T：No? Why not?

S3：Because it makes me unhappy.

T：Everyone, we should try to speak ourselves.

这是一节讨论节日话题的英语公开课，教学重点是"What do we do at … Do you enjoy …? Yes, I do."即询问节日里经常做的事情以及是否乐于做这件事情，教材仅呈现肯定回答，要求学生对节日里常做的事情表示认同和积极的态度。某教师按照课本要求和学生进行对话练习，教师并未刻意引导，前几组学生都会按照课本中现有知识回答。而当教师问到是否乐于清明节和家人一起扫墓时，一名学生表示否定。这一回答不仅超出了教学内容，也超出了教师预设。和谐的教学氛围旨在为个性化教育提供最佳场域，该教师发现学生之间认知与情感的差异，鼓励学生表达内心真实的想法，这实质上就是发掘差异资源的做法。

3. 设计弹性教学预案，构建问题资源

人们所熟知的预案通常是指职能部门为迅捷有效地处理突发性事件，事先制定好的一套处理方案。它好比一份系统性、操作性强的最优化的行动备忘录。教学预案是依据教学计划对该学科内容及性质提出的具体要求，兼顾教学潜在或突发事件，制定的突破预期目标和既定计划限制的教学预备方案。而教学预案与教学设计的区别在于前者追求灵活机变，后者倾向循规蹈矩。互动生成的小学英语课堂不是"执行预案"的过程，而是充满灵活性、多向性、动态性的智慧调控过程。笔者认为弹性的教学预案能够给予教师更多随机应变的权力，比如根据具体教学情境，审时度势，充分利用每一个积极的生成因素服务教学，并在机动的教学空间内设计更多开放性的问题，构建问题资源。通常弹性的教学预案指教学目标、教学内容、教学时间三方面需体现弹性要求。

首先，教学目标的弹性设置有利于发掘问题资源。教学目标留出足够的空间能够为学生质疑、探究、思考、提问提供机会，为教师在教学过程中设计开放性问题或有效提问留白。小学英语教师可以设置英语隐性教学目标，即区别于英语知识、英语技能的，能够在潜移默化中熏陶学生情感、态度、价值观的目标。英语教学中教师可以利用弹性教学目标，设计开放性问题，启迪师生思维，培养学生中外文化异同的敏感性和鉴别力。

【教学片段4】

T：Today we will talk about our friends. What are they like?

S1：He is tall and strong.

T：Pretty good! What is your friend's Chinese zodiac? There are 12 Chinese zodiac signs. Do you know them?

Ss：Rat，cattle，tiger，rabbit，dragon，snake，horse，sheep，monkey，chicken，dog, and pig.

T：Well done! And what is your friend's constellation? Everyone has different constellation.

以上教学片段来自小学五年级的口语课程，教师在呈现描述人物性格和品质的句型"What is he like?"时，利用西方星座和中国生肖知识来梳理人物性格品质的形容词，并让学生领会中西文化的差异。教师正是弹性设置了培养学生情意品质的隐性教学目标，才能凭借"What is his Chinese zodiac?"，"What is his constellation?"的问题，启发学生新思考，引起学生对文化知识的兴趣，创造师生深入学习的节点。

其次，弹性安排教学内容有利于发掘问题资源。教师灵活变通教学内容，能够为学生提供主动学习与想象的可能，也为学生好奇、提问、质疑创造了更多契机。

事实上，小学英语教学内容充满生活性与趣味性，只要教师稍稍拓展教学内容，便能够启迪学生思维，拓展学生思路。总之，弹性的英语教学内容为问题资源的生成创造条件，充足的问题资源能够保持英语教学中师生口语交际的真实性。

【教学片段5】

T：Look at the beautiful balloon. What colour is it?

Ss：It's yellow.

T：Good job! And how about this one? What colour is it?

Ss：It's blue.

（Some students are talking.）

T：Someone is talking. I feel blue.

Ss：Why do you feel blue?

T：It means I feel sad or depressed. Someone is not good, so I feel blue.

（All the students are quiet.）

T：If I say I feel red, I will suddenly become very angry. Please be quiet, everyone.

以上教学片段的教学目标是要求学生掌握有关颜色的词汇，随着教师呈现颜色词汇，课堂纪律时好时坏，过度操练后课堂纪律明显混乱。教师一句："Someone is talking. I feel blue."引起学生的好奇。随之教师补充不同颜色代表不同心情与性格的知识，不仅丰富了既定的有关颜色词汇的教学内容，而且启发了学生思考。可见，教师根据课堂动态发展的真实情况，弹性安排教学内容有利于开发与创造问题资源。

最后，教学环节的弹性计划有利于发掘问题资源。弹性的教学环节应该避免过于具体和详细，由几个大致框架的教学板块构成。由于学生年龄小，系统的学习策略未形成，加之语言基础不够完善，致使小学英语教学存在很多不确定因素。因此，教学环节经常会根据实际情况而进行调整改变。教师应课前预想弹性的教学计划，为每一个教学板块之间留有弹性区间，以便灵活安排教学环节。

【教学片段6】

T：Last summer holiday, I went to Korea. I bought many great things, and Korea is in deed a shopper's paradise.

Ss：What did you buy in Korea?

T：Look! I bought the bowl, the chopsticks and the scarf.

这是一节人教版英语（一年级起点）五年级上册Unit 4 *Shopping Day* 的教学片段。在引入新课时发现学生难以将shopper和paradise构成联系。于是便调整教学环节，以自己去韩国购物的经历为线索，引发学生的好奇与疑问。教师顺势呈现了有关购物的重点句型，并且将production环节中设计的shopping time活动提前，要求小组成员反复练习购物的基本句型。教学环节的弹性设计不仅有利于发掘潜在的问题资源，而且能够自然地呈现知识点。

4. 实施互动教学模式，发现偶发资源

师生互动是一种特殊的人际互动，表现为师生之间发生的各种形式、性质和各种程度的相互作用和影响。教学模式是教师在教学实践中形成的具有一定指导性的教学活动结构框架。因此，互动教学模式强调教与学交互影响和交互活动的教学过程，并且教学活动以师生一切交互作用和影响为主线。教师实施互动教学模式，有利于凸显课堂教学主体性，保护学生认知、情感、行为等因素的发展。另外，笔者认为互动教学模式下的师生互动活动与探索体验学习能够为教学资源提供产生与存在的可能，教学过程中的偶然事件与意外情况也会伴随师生真实的情感体验，在师生教学互动中集聚迸发。而互动教学模式下的小学英语课堂更是充满大量不确定性因素和不可预知的变数，教师发掘诸多未知事件与情况中的积极因素，发现偶发资源，开发与创造更多宝贵的教学资源是互动教学模式进一步推动教学变革的创新点。具体来说，教师通过实施互动教学模式以发掘偶发资源的过程中需要考虑以下问题。

一方面，互动不能脱离学生本身。英语互动教学是教师把学生放在首位开展的一系列多维、立体语言实践的教学模式，师生针对具体学习话题灵活交际，进而发展学生思维能力和语言综合运用能力。互动教学实施之前，教师要熟知学生的英语知识水平、英语学习体验、英语情感、日常学习习惯与状态。只有深入了解学生，教师才会从容应对课堂中不确定性因素和不可预知的变数。教学互动以学生为中心，课堂偶发素材和信息才会更加真实，偶发资源的发掘才更加切实有效。

【教学片段7】

T：What's the weather like?

Ss：It's snowy.

T：How do you feel?

S1：I feel cold.

S2：I feel uncomfortable.

T：Look around you. Where is …?Where is …?（询问生病请假的学生在哪里。）I hope you can wear winter clothes and drink more warm water. Take care of yourself, otherwise you may be ill.

这是一位小学四年级英语教师新授上教版英语（三年级起点）四年级下册 Unit 12 *Weather* 一课的教学案例。当天赶上意外的大雪，恰巧又有很多学生因病请假。于是，教师将大雪天气作为课前 Greeting 部分的主要内容，询问学生这样的天气有何感觉，了解到学生身体不适后，教师表示关心，并且说明班里很多同学生病请假，提醒大家近期注意保暖。正是教师对学生关怀备至，课堂交互以学生为中心，视学生的身体状况为第一位，偶发资源的挖掘才尽显真情。

另一方面，互动教学必须关注学生的非智力因素。英语互动教学中应该多加入鼓励式、启发式的提问，针对学生的需要、兴趣、动机、情感、意志、性格等不直接参与认知过程的心理因素，发现偶发资源。

【教学片段8】

T：Let's play a game. Stands up, please. When I ask, "What are you doing?", you must do action and answer my question. After that, you can sit down.

T：What are you doing?

S1：I am reading.

T：What are you doing?

S2：I am drinking water.

T：What are you doing?

S3：I am listening to music.

(Only one student stands. Then the teacher asks him.)

T：What are you doing?

S4：(No response.)

T：Are you standing?

S4：(No response again.)

T：OK. Please come here and you can say I am walking.

(Others whisper. The boy suddenly cries.)

T：You should be brave. Walk through the platform and dry your tears, or just come back to your seat.

S4：I am walking.(He does action.)

T：Congratulations! Clap for him!

该教师在进行What are you doing? 句型操练时，要求全班起立，配合提问任意做动作，回答之后便可坐下。这个简单的游戏激发了学生的参与热情，大家发挥想象，利用所学知识，复习动词的现在进行时态。全班同学都顺利回答了问题，唯独一名男生站着。教师见他不知所措便进行指导性提问，不料该生无任何反应。再次提示后，仍拒绝回答。这时其他同学开始起哄，没想到这名学生开始哭泣。随后教师积极鼓励，原本害羞腼腆的男生在教师的帮助下完成了任务。最后教师要求全班为他鼓掌。教学活动中发生此种情况完全在教师意料之外。从这一教学片段能够看出，教学互动催生了学生情感的偶发因素，教师鼓励学生克服消极情绪，增强英语学习的自信心，体现了英语互动教学关注学生非智力因素的重要性，以及非智力因素对发掘教学资源的关键意义。

(二) 收集与获取策略：针对存在的经验性，捕捉教学资源

小学英语教学资源存在于主体经验，经验性是其存在阶段的重要特征。小学英语教师在这一阶段应侧重对错误资源、差异资源、问题资源、偶发资源的

捕捉。此处将从理解包容、引导"误见"，智慧共享、整合"异见"，积极倾听、把握"创见"，敏感采集、抓准"邂见"四个层面，探讨小学英语教学资源的收集与获取策略。

1. 理解包容，引导"误见"

"误见"指错误的观点与见解。在语言学习的漫长过程中，错误是英语教学的常态，没有错误的发生，很难有语言的习得，学生的语言能力在试误中逐渐发展。然而，学生的"误见"在未被教师捕捉之前只是静态的存在，只有教师将错误视为指引学习者在学习道路上不断前进的"路标"，才能真正发挥其价值。因此，对于英语教师来说，将捕捉到的语用错误变成错误资源是学生掌握好语言知识的关键。而笔者认为，教师捕捉错误资源这一环节不可或缺且至关重要。学生的"误见"或藏匿于课堂中的林林总总，或湮没于教师的全盘否定。事实上，经验丰富的英语教师能够在第一时间捕捉到学生的语言错误。但是，教师越是"求完美"，越是严苛。当学生在尝试错误的过程中循环往复时，教师的冷漠、回避、拒绝、否定不仅会给学生心灵成长造成伤害，对学生语言能力的发展来说也是一种缺憾。只要教师抱着理解包容的心态，便能捕捉到学生错误的精彩。

教师在理解包容的过程中重在引导，耐心施教。教师捕捉学生"误见"的过程中，不仅要保持宽恕谅解的态度，还应循循善诱。一方面，教师应引导学生举一反三，帮助学生突破学习难点。学习难点是由于学生原有认知结构与新知识之间产生不协调而形成。这些学习难点，往往就是学生容易出错的地方。教师应引导学生对错误归因，反思类似情况出现时应如何表达，并且总结学习难点。通过这样的引导，学生的错误完全变成了教学财富。不仅错误被纠正，还有助于攻破难点。另一方面，教师要善于捕捉错误中能够培养学生正确价值观的因素，引导学生形成积极向上的情感态度和思想品质。

【教学片段9】

T：What is your friend like?

S1：He is tall.

T：Great! Anyone else?

S2：He is fat.（laughing）

T：Well, you can also say he is strong. Maybe we all don't like that word. Right?

S2：Yes, I get it. He is strong.

该教师在给三年级学生新授描述人物性格、外貌的句型时，设计了让学生描述自己好朋友外貌特征的问题。不料有学生说出了"He is fat"。这样的回答引起全班的笑声，显然伤害到对方的自尊心。教师虽然意识到学生回答的不妥之处，但并没有直接否定"You can't say that."，而是委婉地点明，让学生感同身受，明白用词不当。可见，教师将捕捉到的学生错误进行引导，不仅培养了学生在真实语境中人际交往的能力，还对学生的思想品德做以规范。

需要强调的是，理解包容不是无尽放纵。无限度、无原则地包容只会让学生犯错成为习惯。理解包容体现教师对学生的负责，即以仁义之心促他改过。但一味地包容便是纵容，学生无法参透教师的用心，反而会更加疏忽浮躁。在小学英语教学中，当教师只顾学生语言交际的正确性而忽视流利性时，易造成语言固化。但若只顾流利性而不讲求正确性，甚至纵容学生出错，将有违语言能力的发展。总之，教师勿用理解包容之心纵容学生的投机心理，毕竟小学生的自制能力和认知结构尚处于成长和完善的阶段。

【教学片段10】

T：Where are you from?

Ss：We are from China.

T：（Call a student）Please spell "China".

S1：C-H-N-I-A.

T：Is he right?

Ss：No.

T：We are Chinese. We should remember it. Think about it and try again. OK?

S1：C-H-I-A.

T：Well, everyone, please spell "China".

Ss：C-H-I-N-A.

T：You can spell it again.

S1：C-H-I-N ...

T：OK. You must memorize this word. Come to my office after class.

这是笔者随堂听课记录的人教版英语（一年级起点）四年级下册Unit 6

Countries 的教学实例片段。当教师特指某学生拼 "China" 这个单词时，该生第一遍拼错。教师告诉该生我们是中国人，应该记住这个单词，并给予其第二次机会。岂料该生第二次也没有拼对。教师让集体拼后给他第三次机会，可是仍然拼错。教师猜测该生也许是学习遇到问题，为了不耽误课堂时间，要求他下课单独来拼。可以看出，这位教师先是以理解宽容的态度对待学生错误，以妥善的方式引导学生。后是出于严格教育的考虑，不再纵容学生出错，并要求学生必须掌握该单词拼写。

2. 智慧共享，整合"异见"

显然，"异见"指不同的见解与看法。与差异资源相比，"异见"更强调价值性。差异资源指能够促进教学、服务教学的来自师生对同一问题、内容、要求的不同见解、情感、行为等，本质上与"异见"同义。上文已经讨论过发掘差异资源重在营造和谐的教学氛围，给予学生充分的选择权利与独立思考的机会，并且鼓励学生展现自我。那么，教师捕捉差异资源可以借鉴怎样的思路呢？教学是一段师生共享知识、共享经验、共享人生感悟的有意义的旅程。学生效师、效友而日进，教师施教而益深，师生教学相长、共享智慧。而一切智慧的开端是师生、生生之间的独特性与多样性。在小学英语课堂中，不同能力水平的学生输出不同的语量，不同个性特点的学生存在不同的情感状态，不同思维方式的学生呈现不同的交际内容。教师将捕捉到的个体差异作为一种教学资源，有助于学生各抒己见，取长补短，互促互进，智慧共享。总之，教师在捕捉差异资源的过程中，要以智慧共享为主线，整合"异见"。

教学过程中的智慧共享蕴含集思广益、博采众长之意。小学英语教学的互动性强，教师在与学生进行交互活动时，既要关注优势的学生，也要重视每名学生的优势。不同学生在不同方面可能具备某些不同的亮点，比如，有的学生语言表达不够流利，但是声音洪亮；有的学生思维不够敏捷，但是敢于尝试；有的学生语言不够丰富，但是积极性高；等等。课堂是学生的舞台，收集与获取"异见"的终极任务不是教师捕捉到学生的差异，而是让学生能够感受到自身的不足和长处，最终认清自身的进步空间与巨大潜能。因此，教师在整合差异资源的过程中应该善于"放手"，让学生去感知、体会与同伴之间的差异。

【教学片段11】

T: Well, how many subjects do you have?

Ss： We have Chinese, maths, English, PE, art, music, science and computer class.

T： Which subject do you like best?

Ss： Chinese/maths/English/PE/art/...

T： Who's your favourite teacher?

S1： Miss Wu is my favourite teacher.

S2： And I like Miss Li best.

T： What does Miss Wu teach?

S1： She teaches Chinese. She's my Chinese teacher.

T： What's she like?

S1： She's young and beautiful. She has long hair.

T： Why do you like Miss Li best?

S2： Because Miss Li is kind.

T： Then let's do pair work. Ask your deskmate the following questions. "Who's your favourite teacher? What does he/she teach? What's he/she like?And ask why he or she likes this teacher best." Are you clear?

Ss：（Pair work）

S3： Who's your favourite teacher?

S4： Mr. Wang is my favourite teacher.

S3： What does he teach?

S4： He teaches PE.

S3： What's he like?

S4： He's tall and strong. His hair is short.

S3： Why do you like him best?

S4： Because I like PE. And he likes playing football with us.

T： Good job! Any volunteers?

S5： Who's your favourite teacher?

S6： Miss Liu is my favourite teacher.

S5： What does she teach?

S6： She teaches music.

S5： What's she like?

S6：She's slim and beautiful. She has curly hair.

S5：Why do you like her best?

S6：Because she's nice. I like music. And she can sing and dance for us.

T：Good children. Thank you so much.

以上教学片段选自人教版英语（一年级起点）五年级上册Unit 2 Teachers。该教师在进行"Who's your favourite teacher?"的句型操练时，避免自上而下的提问，而择取学生互问的方式，捕捉差异资源。教师额外附加了"Why do you like … best?"的问题，意在让不同程度的学生互补互助。语言能力强的学生表达的内容比较丰富，其他相对较弱的学生可以学其所长。语言能力较弱的学生遇到困难，在同伴提醒下也能有所收获。这一做法不仅有助于语言的融会贯通，还给予学生了解同伴的机会，让其认识到彼此差异，共享智慧。

教师在实施差异教学时应该注重与不同学生群体之间的协同合作，这也是教师专业发展计划的一部分。因此，在整合差异资源的过程中，除了教师"放手"的策略之外，教师的提示与补充也是捕捉差异资源的有效策略。小学英语课堂的多样性与丰富性可能会因为教学过度依赖标准化、统一化的文本而消失不见。当学生对某一话题产生相同的想法时，或者对某一内容呈现固定的回答时，教师便很难捕捉到学生的差异。若要尽可能高效地整合差异资源，教师应该付诸行动。

【教学片段12】

T：We know Children's Day, and I want to know what you will do on Children's Day?

S1：I will do my homework.

S2：I will have an English class, a maths class and a Chinese class.

S3：I will stay at home and sleep.

T：Boys and girls, please don't do something as usual. We only have 365 days. We have some special days to celebrate. Children's Day is one of them. And it's your own day. Try to think about what you really want to do.

S1：I want to say thank you to my parents.

S2：I want to eat some delicious food.

S3：I want to play with my friends.

S4：I want to see a movie.

这是一节上教版英语（三年级起点）四年级下册Unit 11 *Children's Day* 的教学片段。当教师提问学生儿童节如何度过的，学生的回答大同小异，都是写作业、上课、睡觉三件事情。这样的回答不利于教师了解学生真实感受，更不用说捕捉学生"异见"。后来教师鼓励学生说出自己在儿童节渴望做的事情，在教师的提示补充下，学生表达了真实想法，回答得更加丰富。该教师捕捉到的不仅是现实学业压力和学生内心憧憬之间的差异，还有学生表达内容和情感特点的差异。了解学生内心世界有助于日后的教学活动。

3. 积极倾听，把握"创见"

"创见"意指出乎意料且独到的见解。笔者认为，"创见"更具教学资源中问题资源之意。学生与众不同的疑问、教师设计的创意性问题都属于"创见"，即问题资源。问题是由于学生自身生活经验与新信息的碰撞而产生的新奇有趣的想法，而学生的问题变成资源以优化教学的前提是教师对"创见"的捕捉与收集。真实课堂中的教学资源存在于主体经验，是师生意识形态下宝贵的感官思想。因此，教师若是不善收集与获取，便只能造成学生"创见"浮于表面的遗憾。事实上，教师捕捉"创见"之力的先决因素是积极倾听。教师积极倾听学生意见是出于对学生已有认知发展水平和知识能力的尊重。尽管受到诸多教学不确定因素的影响，教师仍能重视学生提出的某些想法。在语言学习的过程中，语言表达是学生"创见"的主要表现形式。因此，教师捕捉问题资源时应积极倾听学生的语言表达。可遵循一种"Naturalistic Procedures"的设想，即格外关注学生自然发生的活动和选择。具体说，教师在聆听中应关注以下方面。

（1）问题源于学生的探究意识和好奇心理。当学生对自己的想法并不抱有绝对把握时，可能出现非正式表达的情况，如低声的、自言自语的、不成文的回答。因此，教师应站在学生的立场积极聆听这类非正式表达中所透露的信息。可能学生的低喃自语正是对自我观点的模糊不定，只要教师积极聆听，善于捕捉，学生的非正式表达经教师点拨之后仍别具价值。另外，小学英语教学中，小组合作学习是较常用的学习方法，在小组合作学习的过程中，聆听也是教师捕捉问题资源的重要途径。教师可参与组内讨论或者进行巡视等，通过聆听组内或组间合作时学生语言输出的音量与音调、表达内容的流利性与正确性，以及提问与回答的新颖性与创意性，教师能够有效把握学生的"创见"，捕捉问题资源。

（2）小学生具有强烈的好奇好问心理，表情和行为能够反映出心理情绪。小学英语教师在倾听学生语言表达的过程中应注意观察其言语、动作、情态等。一方面，学生的面部表情是最直接的反馈，教师需留心观察。比如，当教师抛出问题后，有的学生紧皱眉头，似有疑惑。这时教师应即刻注意，利用"Do you agree?""Is she/he right?""Any better ideas?""How do you know it?"等等，提问并鼓励学生质疑并说出真实想法。另一方面，教师应善于解读学生眼神所传递的重要信息。比如，当学生眼神愣怔，有可能是疑惑迷茫，需要教师的耐心解释。当学生睁大眼睛，有可能是犹豫不决，等待教师的引导提示。当学生眼神明亮，有可能是灵机一动，期望教师的鼓舞肯定。总之，无论是面部表情，还是眼神信息，都有可能是学生提出独到且出乎意料见解的预兆，教师应当及时捕捉这类信息。

（3）教学过程中能够产生与众不同的见解需要学生自身的创造性思维和教师的创造性提问这两个条件支撑。前者涉及一定程度的神经基础和脑机制因素，后者重在教师对问题的设计。然而，现实教学中，很多小学英语教师都只注重机械式提问而忽视创造性提问。其实，教师可以要求学生自己总结知识点以增加潜在问题的容量和空间。学生在总结、回答、质疑、探讨的过程中，不仅能自己提出问题、解决问题，而且为教师捕捉其他问题资源留出充足的聆听时间。

【教学片段13】

T：After reading this text, I want you to tell me the key points.

S1：球类前面不加定冠词the，如"play football"。

S2：often是频率副词，表示经常。

S3：星期前用介词"on"，比如"on Saturday"。

S4：Why do we say "I often play football on Saturday." but not say "I often play football on Saturdays."

T：Good question! Let's think about it.

上述教学片段来自某教师阅读教学的课堂案例，该教师避免采用"教师提问，学生回答，逐渐引出教学重难点"的方式，而是通过学生自己总结教学重难点的方式。教师在学生回答的过程中积极倾听，一旦发现有价值的问题，立刻捕捉并以此为教学点，启发学生思考，鼓励其共同讨论。该教师创造性的提问方式，不仅为自己预留了充足的倾听时间，更有利于准确把握学生的"创见"，提高教学效果。

4. 敏感采集，抓准"邂见"

"邂"有不期而会之意，"邂见"表示偶然的认识或理解，非常贴合本书中偶发资源的含义。偶发资源来源于师生情感的闪念、思维的火花、经验的碰撞，是具备教学价值的偶然事件或意外情况。小学生往往对类似的"变数"心存悸动与好奇，尤其在趣味交际与情感互动的英语课堂，意外事件与偶发状况形形色色。语言学习的道路上随时都有可能发现偶然的路途和美景，小学英语教师务必不可抹杀这些意外的精彩，反而要以热切的、积极的态度去捕捉偶发资源。教师对偶发资源捕捉欠妥会造成教学资源延时或无效的状况。因此，在保证教学进度和课堂纪律的情况下，如何捕捉学生"邂见"是小学英语教师需要思考的问题。笔者认为能否捕捉到课堂有价值的偶发性因素取决于教师敏感采集的能力。敏感采集指教师能够第一时间捕捉到偶然事件或意外情况中的积极因素。也就是说，教学实施的过程中教师对积极因素应保持较高的灵敏度，做到眼中有学生，心中有资源。

敏感采集意味着教师应善于把握教育时机。当意外问题引发学生感情共鸣时，或当突发状况产生育人意义时，教师一定要抓住最佳时机，迅速将偶发事件中的积极因素迁移到教学中，转"危机"为契机，保证教学节奏顺畅，并且达到启思激趣的教学效果。事实上，小学英语课堂中的教育契机无处不在，一旦把握滞后便可能丧失价值。比如，学生当下某一行为与教学预设冲突，出现了意料之外的局面，教师若未及时因势利导，可能会错失最佳时机。总之，教师若想抓准学生"邂见"，不仅要对偶发资源保持高度敏感，还应随时做好以变应变的准备。

【教学片段14】

T：Is the fountain very beautiful?

Ss：No.

T：Why not? I think it's very beautiful. Sometimes there are goldfish in it.

S1：One day I saw some dead goldfish in the fountain because of the dirty water.

T：So what should we do to protect the goldfish?

S1：We should keep the water clean.

S2：We shouldn't pollute the water.

S3: We shouldn't feed the goldfish.

T: Wonderful! So our parents can enjoy the goldfish. And the fountain will become beautiful again.

以上教学片段选自上教版英语（三年级起点）五年级上册 Unit 11 *Water* 一课。该教师在呈现"喷泉"的图片后，提问学生喷泉是否漂亮，原本设想学生的回答是"Yes"，便可以顺势引出下一问题。不料，学生表示"No"，认为这个喷泉曾经被污染，发生金鱼致死的现象。面对突发性的 feedback，该教师从容不迫，见机行事，立刻抓住这一学科育人的好机会，对学生进行环保教育。该教师将捕捉到的突发状况与生活联系，鼓励学生力行环保。这一教学案例不仅体现了教师丰富的教学智慧，还说明捕捉偶发资源需要迅速敏锐的收集获取能力。

纵观小学英语教学，一方面，由于某些教师盲目捕捉随机资源，不放过任何偶然的、意外的生成因素，造成无教育意义的事件占用课堂教学时间，干扰学生的听课状态。另一方面，某些英语教师机械地捕捉预设资源，刻意引导学生"生成"教学预设的各种可能，造成大量教学资源白白丧失。因此，笔者需要说明的是敏感采集表达的是一种教师捕捉偶发资源的态度，而非不分主次不加选择的收集与获取行为。以上主要讨论的是小学英语教师捕捉偶发资源的问题，对捕捉之后的判辨与筛选环节不再赘述。总之，教师若想抓准课堂中的"邂逅"，需要具备敏感采集的能力，而敏感采集能力得益于教师对教学最佳时机的把握。

二、信息技术环境下小学英语教学设计模式

信息技术与小学英语教学整合是将现代教育技术应用于教育，是改革教育模式、教学方法和教学手段的重要途径。小学英语教学是实现整合的实践场所，信息技术与小学英语教学的整合就是通过小学英语课程把信息技术与英语教学有机地结合起来，从根本上改变传统教和学的观念以及相应的学习目标、学习方法和评价手段，而要实现这种结合，就离不开教学设计。

教学设计是运用系统方法分析教学问题和确定教学目标，建立解决教学问题的策略方案、实行解决方案评价试行结果和对方案进行修改的过程。通过教学设计，可有效地解决技术和教学"两张皮"问题，使得信息技术作为促进学

生自主学习的认知工具和情感激励工具、丰富的教学环境的创设工具，并将这些工具全面地应用到小学英语教学过程中，顺应小学英语新课程的特点和要求，使小学英语各种教学资源、各个教学要素和教学环节，经过整理、组合，在整体优化的基础上产生聚集效应，促进传统教学方式的根本变革，从而达到培养学生创新精神和实践能力的目的。

（一）小学英语课程学段目标与内容要求

1. 小学英语课程学段目标

《义务教育英语课程标准（2022年版）》指出，英语课程围绕核心素养，体现课程性质，反映课程理念，确立课程目标。英语课程要培养的学生核心素养包括语言能力、文化意识、思维品质和学习能力等方面。语言能力是核心素养的基础要素，文化意识体现核心素养的价值取向，思维品质反映核心素养的心智体征，学习能力是核心素养发展的关键要素。学生应通过本课程的学习，达到如下目标：发展语言能力、培育文化意识、提升思维品质和提高学习能力。

义务教育英语课程分为三个学段，各学段目标设有相应的级别，即一级建议为3~4年级学段应达到的目标，二级建议为5~6年级学段应达到的目标，三级建议为7~9年级学段应达到的目标。各学段目标之间具有连续性、顺序性和进阶性。基于核心素养四个方面的小学英语课程学段目标如表7-1至表7-4所示。

表7-1　语言能力学段目标

表现	3~4年级/一级	5~6年级/二级
感知与积累	能感知单词、短语及简单句的重音和升降调等；能有意识地通过模仿学习发音；能大声跟读音视频材料；能感知语言信息，积累表达个人喜好和个人基本信息的简单句式；能理解基本的日常问候、感谢和请求用语，听懂日常指令等；能借助图片读懂语言简单的小故事，理解基本信息；能正确书写字母、单词和句子	能领悟基本语调表达的意义；能理解常见词语的意思，理解基本句式和常用时态表达的意义；能通过听，理解询问个人信息的基本表达方式；能听懂日常学习和生活中简单的指令、对话、独白和小故事等；能理解日常生活中用所学语言直接传递的交际意图；能读懂语言简单、主题相关的简短语篇，获取具体信息，理解主要内容

表7-1（续）

表现	3~4年级/一级	5~6年级/二级
习得与构建	在听或看发音清晰、语速较慢、用词简单的音视频材料时，能识别有关个人、家庭以及熟悉事物的图片或实物、单词、短语；能根据简单指令作出反应；体会英语发音与汉语发音的不同；能借助语音、语调、手势、表情等判断说话者的情绪和态度；能在语境中理解简单句的表意功能	在听或看发音清晰、语速适中、句式简单的音视频材料时，能获取有关人物、时间、地点、事件等基本信息；能识别常见语篇类型及其结构；能理解交流个人喜好、情感的表达方式；能根据图片，口头描述其中的人或事物；能关注生活中或媒体上的语言使用
表达与交流	能围绕相关主题，运用所学语言，进行简单的交流，介绍自己和身边熟悉的人或事物，表达情感和喜好等，语言达意；在书面表达中，能根据图片或语境，仿写简单的句子	能围绕相关主题，运用所学语言，与他人进行简单的交流，表演小故事或者短剧，语音、语调基本正确；在书面表达中，能围绕图片内容或模仿范文，写出几句意思连贯的话

表7-2　文化意识学段目标

表现	3~4年级/一级	5~6年级/二级
比较与判断	有主动了解中外文化的愿望；能在教师指导下，通过图片、配图故事、歌曲、韵文等获取简单的中外文化信息；观察、辨识中外典型文化标志物、饮食及重大节日；能用简单的单词、短语和句子描述与中外文化有关的图片和熟悉的具体事物；初步具有观察、识别、比较中外文化的意识	对学习、探索中外文化有兴趣；能在教师引导下，通过故事、介绍、对话、动画等获取中外文化的简单信息；感知与体验文化多样性，能在理解的基础上进行初步的比较；能用简短的句子描述所学的与中外文化有关的具体事物；初步具有观察、识别、比较中外文化异同的能力
调适与沟通	有与人交流沟通的愿望；能大方地与人接触，主动问候；能在教师指导下，学习和感知人际交往中英语独特的表达方式；能理解基本的问候、感谢用语，并作出简单回应	对开展跨文化沟通与交流有兴趣；能与他人友好相处；能在教师指导下，了解不同文化背景下人们待人接物的礼仪；能注意到跨文化沟通与交流中彼此的文化差异；能在人际交往中，尝试理解对方的感受，知道应该规避的谈话内容，适当调整表达方式，体现出礼貌、得体与友善
感悟与内化	有观察、感知真善美的愿望；明白自己的身份，热爱自己的国家和文化；能在教师指导下，感知英语歌曲、韵文的音韵节奏；能识别图片、短文中体现中外文化和正确价值观的具体现象与事物；具有国家认同感，对中华优秀传统文化感到骄傲	对了解中外文化有兴趣；能在教师引导下，尝试欣赏英语歌曲、韵文的音韵节奏；能理解与中外优秀文化有关的图片、短文，发现和感悟其中蕴含的人生哲理；有将语言学习与做人、做事相结合的意识和行动；体现爱国主义情怀和文化自信

表7-3　思维品质学段目标

表现	3~4年级/一级	5~6年级/二级
观察与辨析	能通过对图片、具体现象和事物的观察获取信息，了解不同事物的特点，辅助对语篇意义的理解；能注意到不同的人看待问题是有差异的；能从不同角度观察周围的人与事	能对获取的语篇信息进行简单的分类和对比，加深对语篇意义的理解；能比较语篇中的人物、行为、事物或观点间的相似性和差异性，并作出正确的价值判断；能从不同角度辩证地看待事物，学会换位思考
归纳与推断	能根据图片或关键词，归纳语篇的重要信息；能就语篇信息或观点初步形成自己的想法和意见；能根据标题、图片、语篇信息或个人经验等进行预测	能识别、提炼、概括语篇的关键信息、主要内容、主题意义和观点；能就语篇的主题意义和观点作出正确的理解和判断；能根据语篇推断作者的态度和观点
批判与创新	能根据个人经历对语篇内容、人物或事件等表达自己的喜恶；初步具有问题意识，知晓一问可有多解	能就作者的观点或意图发表看法，说明理由，交流感受；能对语篇内容进行简单的续编或改编等；具有问题意识，能初步进行独立思考

表7-4　学习能力学段目标

表现	3~4年级/一级	5~6年级/二级
乐学与善学	对英语学习感兴趣、有积极性；喜欢和别人用英语交流；乐于学习和模仿；注意倾听，敢于表达，不怕出错；乐于参与课堂活动，遇到困难能大胆求助	对英语学习有较浓厚的兴趣和自信心；能积极参与课堂活动，注意倾听，大胆尝试用英语进行交流；乐于参与英语实践活动，遇到问题积极请教，不畏困难
选择与调整	能在教师帮助和指导下，制订简单的英语学习计划；能意识到自己英语学习中的进步与不足，并作出适当调整；能尝试借助多种渠道学习英语	能在教师指导下，制订并完成简单的英语学习计划，及时预习和复习所学内容；能了解自己英语学习中的进步与不足；能在教师指导下，初步找到适合自己的英语学习方法；尝试根据学习进展调整学习计划和策略；能借助多种渠道或资源学习英语
合作与探究	能在学习活动中尝试与他人合作，共同完成学习任务；能在学习过程中积极思考，发现并尝试解决语言学习中的问题	能在学习活动中与他人合作，共同完成学习任务；能在学习过程中认真思考，主动探究，尝试通过多种方式发现并解决语言学习中的问题

2. 小学英语课程内容要求

《义务教育英语课程标准（2022年版）》也指出，英语课程内容由主题、语篇、语言知识、文化知识、语言技能和学习策略等要素组成。围绕这些要素，通过学习理解、应用实践、迁移创新等活动，推动学生核心素养在义务教育全过程中持续发展。

义务教育英语课程内容为三级呈现，建议3~4年级学习一级内容，5~6年级学习二级内容，7~9年级学习三级内容；兼顾小学英语开设起始年级区域差异，设置预备级和三个"级别⁺"。依据《义务教育英语课程标准（2022年版）》，小学英语课程内容六个要素的学习范围和学习要求按照两个基本级别进行描述。具体内容和要求见表7-5至表7-10。

表7-5　主题内容要求

范畴	主题群	一级	二级
人与自我	生活与学习 做人与做事	1. 身边的事物与环境 2. 时间管理 3. 生活自理与卫生习惯 4. 个人喜好与情感表达 5. 家庭与家庭生活 6. 学校、课程，学校生活与个人感受 7. 饮食与健康	1. 学习与生活的自我管理 2. 乐学善学，勤于反思，学会学习 3. 健康、文明的行为习惯与生活方式 4. 运动与游戏，安全与防护 5. 自信乐观，悦纳自我，有同理心 6. 情绪与情感，情绪与行为的调节与管理 7. 生活与学习中的困难、问题和解决方式 8. 零用钱的使用，合理消费，节约意识 9. 劳动习惯与技能，热爱劳动
人与社会	社会服务与人际沟通 文学、艺术与体育 历史、社会与文化 科学与技术	1. 班级与学校规则，规则意识 2. 团队活动与集体生活，参与意识与集体精神 3. 校园、社区环境与设施，爱护公共设施 4. 同伴交往，相互尊重，友好互助 5. 尊长爱幼，懂得感恩 6. 常见的体育运动项目，运动与健康 7. 交通法规，安全意识 8. 常见职业与人们的生活 9. 常见节假日，文化体验	1. 校园与社区环境保护，公益劳动与公共服务 2. 自尊自律，文明礼貌，诚实守信，孝亲敬长 3. 个人感受与见解，倾听、体谅他人，包容与宽容 4. 运动、文艺等社团活动，潜能发掘 5. 对社会有突出贡献的人物及其事迹 6. 中外名胜古迹的相关知识和游览体验 7. 世界主要国家的传统节日，文化体验 8. 科学技术改变生活
人与自然	自然生态环境保护 灾害防范 宇宙探索	1. 天气与日常生活 2. 季节的特征与变化，季节与生活 3. 身边的自然现象与生态环境 4. 常见的动物，动物的特征与生活环境	1. 中国主要城市及家乡的地理位置与自然环境 2. 世界主要国家的名称、地理位置与自然景观 3. 人与自然相互依存，绿色生活的理念和行为 4. 种植与养殖，热爱并善待生命 5. 自然灾害与人身安全，灾害防范基本常识 6. 地球与宇宙探索

表7-6　语篇类型内容要求

级别	内容要求
一级	1. 歌谣、歌曲、韵文　　　　　2. 日常简短对话、独白 3. 配图故事、叙事性日记等　　4. 人物介绍、物品介绍、地点介绍等 5. 书信、活动通知、操作指令、生日及新年贺卡、邀请卡等 6. 其他语篇类型，如提示牌、告示牌、菜单、购物单、简单图表、图片、视频等
二级	1. 日常简单对话、独白 2. 记叙文，如配图故事、叙事性日记、人物故事、寓言、幽默故事、童话等 3. 说明文，如介绍类短文、科普类短文、简短书面指令、操作程序等 4. 应用文，如贺卡、邀请卡、书信、活动通知、启事、活动安排与计划、宣传海报、规则、问卷等 5. 新媒体语篇，如简单社交媒体信息、网页、电子邮件等 6. 其他语篇类型，如歌曲、韵文、剧本、图表、图示、图片、视频等

表7-7　语言知识内容要求

类别	级别	内容要求
语音 知识	一级	1. 识别并读出26个大、小写字母 2. 感知字母在单词中的发音 3. 感知简单的拼读规则，尝试借助拼读规则拼读单词 4. 感知并模仿说英语，体会单词的重音和句子的升调与降调
	二级	1. 借助拼读规则拼读单词 2. 使用正确的语音、语调朗读学过的对话和短文 3. 借助句子中的单词的重读表达自己的态度与情感 4. 感知并模仿说英语，体会意群、语调与节奏 5. 在口头表达中做到语音基本正确，语调自然、流畅
词汇 知识	一级	1. 知道单词由字母构成　　　2. 借助图片、实物理解词汇的意思 3. 根据视觉或听觉提示，如图片、动作、动画、声音等，说出单词和短语 4. 根据单词的音、形、义学习词汇，体会词汇在语境中表达的意思
	二级	1. 在语境中理解词汇的含义，在运用中逐步积累词汇 2. 在特定语境中，运用词汇描述事物、行为、过程和特征，表达与主题相关的主要信息和观点 3. 能初步运用500个左右单词，就规定的主题进行交流与表达，另外可以根据实际情况接触并学习三级词汇和相关主题范围内100~300个单词，以及一定数量的习惯用语或固定搭配
语法 知识	一级	1. 在语境中感知、体会常用简单句的表意功能 2. 在语境中理解一般现在时和现在进行时的形式、意义和用法 3. 围绕相关主题，在语境中运用所学语法知识描述人和物，进行简单交流

表7-7（续）

类别	级别	内容要求
语法知识	二级	1. 在语篇中理解常用简单句的基本结构和表意功能 2. 在语境中理解一般过去时和一般将来时的形式、意义和用法 3. 在语境中运用所学语法知识描述、比较人和物，描述具体事件的发生、发展和结局，描述时间、地点和方位等
语篇知识	一级	1. 识别对话中的话轮转换 2. 知道语篇有不同类型，如对话、配图故事 3. 体会语篇中图片与文字之间的关系
	二级	1. 判断故事类语篇的开头、中间和结尾，辨识时间、地点、人物，以及事件的发生、发展和结局等 2. 发现语篇中段落主题句与段落内容之间的关系 3. 利用语篇的标题、图片等信息辅助语篇理解
语用知识	一级	1. 使用简单的称谓语、问候语和告别语与他人进行得体的交流 2. 在语境中使用基本的礼貌用语与他人交流 3. 对他人的赞扬、道歉、致谢等作出恰当的回应
	二级	1. 根据具体语境的需求，初步运用所学语言，得体表达自己的情感、态度和观点 2. 在具体语境中，如购物、就医、打电话、问路等，与他人进行得体的交流 3. 对他人的邀请、祝愿、请求与帮助等作出恰当的回应

表7-8 文化知识内容要求

级别	内容要求
一级	1. 人际交往中英语与汉语在表达方式上的异同，如姓名、称谓、问候等 2. 不同国家或文化背景下的学校生活、家庭生活、饮食习惯等的异同 3. 中外典型文化标志物和传统节日的简单信息
二级	1. 不同文化背景下，人们的行为举止、生活习俗、饮食习惯、待人接物的礼仪，应当规避的谈话内容 2. 中外重大节日的名称、时间、庆祝方式及其意涵 3. 简单的英语优秀文学作品（童话、寓言、人物故事等）及其蕴含的人生哲理或价值观 4. 为人类社会进步做出重大贡献的中外代表人物及其成长经历 5. 中外主要体育运动项目、赛事，优秀运动员及其成就和体育精神 6. 中外艺术领域有造诣的人物及其作品 7. 世界主要国家的基本信息（如首都、国旗和语言等）、旅游文化（重要文化标志物等）和风土人情等，对文化多样性的感知与体验

表7-9　语言技能内容要求

语言技能	级别	内容要求
理解性技能	一级	1. 理解课堂中的简单指令并作出反应 2. 根据图片和标题，推测语篇的主题、语境及主要信息 3. 在听、读、看的过程中有目的地提取、梳理所需信息 4. 推断多模态语篇（如动画、图书及其他印刷品的封面和封底、邀请卡及贺卡）中的画面、图像、声音、色彩等传达的意义 5. 借助语气、语调、手势和表情等推断说话者的情绪、情感、态度和意图 6. 课外视听活动每周不少于30分钟 7. 课外阅读量累计达到1500～2000词
	二级	1. 理解日常学习和生活中的简单指令，完成任务 2. 借助图片、图像等，理解常见主题的语篇，提取、梳理、归纳主要信息 3. 在听和读的过程中，根据上下文线索和非文字信息猜测语篇中词汇的意思，推测未知信息 4. 归纳故事类语篇中主要情节的发生、发展与结局 5. 对语篇中的信息进行分类 6. 比较语篇中人物、事物或观点间的相似性和差异性，尝试从不同视角观察、认识世界 7. 概括语篇的主要内容，体会主要信息之间的关联 8. 理解多模态语篇（如动画、海报、图书及其他印刷品的封面和封底等）传达的意义，提取关键信息 9. 课外视听活动每周不少于30分钟 10. 课外阅读量累计达到4000~5000词
	二级*	+阅读有配图的简单章节书，理解大意，对所读内容进行简单的口头概括与描述
表达性技能	一级	1. 在语境中与他人互致简单的问候或道别 2. 演唱所学的简单英语歌曲 3. 大声跟读音视频材料，正确朗读学过的对话、故事和文段 4. 交流简单的个人和家庭信息，如姓名、家庭情况等 5. 表达简单的情感和喜好，如喜欢或不喜欢，想要或不想要 6. 简单介绍自己的日常起居和生活，如作息时间、一日三餐、体育活动、兴趣爱好等 7. 简单介绍自己的学校和学校生活，如学校设施、课程、活动，以及同学、老师等 8. 简单介绍自己喜欢的动物，如外形特征和生活环境等 9. 用简单的语句描述图片或事物 10. 在教师指导下进行简单的角色扮演 11. 正确书写字母、单词和句子 12. 根据图片或语境，仿写简单的句子
	一级*	+1. 在图画的提示下，为所学对话、故事或动画片段配音 +2. 口头描述事件或讲述小故事

表7-9（续）

语言技能	级别	内容要求
表达性技能	二级	1. 运用所学的日常用语与他人进行简单的交流，如询问个人基本信息 2. 完整、连贯地朗读所学语篇，在教师指导下或借助语言支架，简单复述语篇大意 3. 围绕相关主题和所读内容进行简短叙述或简单交流，表达个人的情感、态度和观点 4. 在教师帮助下表演小故事或短剧 5. 简单描述事件或讲述简单的小故事 6. 围绕图片内容，写出几句意思连贯的描述 7. 模仿范文的结构和内容写几句意思连贯的话，并尝试使用描述性词语添加细节，使内容丰富、生动 8. 正确使用大小写字母和常见标点符号，单词拼写基本正确 9. 根据需要，运用图表、海报、自制绘本等方式创造性地表达意义
	二级⁺	+1. 结合相关主题进行简短的主题演讲，做到观点基本明确、逻辑比较清楚、语音正确、语调自然 +2. 结合主题图或连环画，口头创编故事，有一定的情节，语言基本准确

表7-10　学习策略内容要求

学习策略	级别	内容要求
元认知策略	一级	1. 在学习时集中注意力 2. 在交流中注意倾听、积极思考 3. 尝试运用多种途径学习英语，遇到问题主动向老师或同学请教 4. 在教师指导下制定简单的学习计划，并付诸行动 5. 能意识到自己英语学习中的进步与不足，并作出适当调整
	二级	1. 根据需要进行预习，对所学内容主动复习和归纳 2. 在教师指导下制订简单的学习计划，合理安排学习时间 3. 主动利用图书馆和相关资源进行拓展学习 4. 初步借助词典等简单的工具书学习英语 5. 主动了解英语学习方法，探索适合自己的学习方法 6. 对学习过程和效果进行自我评价和反思，根据需要调整计划，遇到问题主动请教
认知策略	一级	1. 在词语与相应事物间建立联系 2. 在新旧语言知识之间建立联系 3. 在语境中学习词汇和语法 4. 通过分类等方法加深对词汇的理解和记忆 5. 积极运用所学英语进行表达和交流 6. 注意观察生活和媒体中使用的简单英语
	二级	1. 运用已有语言积累和生活经验完成新的学习任务 2. 借助图表、思维导图等工具归纳、整理所学内容 3. 借助拼读规则拼读生词 4. 在学习内容与个人经历之间建立有意义的联系 5. 养成按意群阅读的习惯

表7-10（续）

学习策略	级别	内容要求
交际策略	一级	1. 没听懂对方说的英语时，会请对方说慢一些或再说一遍 2. 在表达遇到困难时，用简单的手势、指示代词等手段辅助表达
	二级	1. 借助非语言信息线索理解他人表达的信息 2. 能在口头表达中借助目光、表情、手势、动作等非语言手段表达意思
情感管理策略	一级	1. 对英语学习有兴趣，乐于参与学习活动 2. 敢于开口，表达中不怕出错 3. 有与同伴合作学习的愿望，乐于与他人共同完成学习任务
	二级	1. 保持对英语学习的积极态度和自信心，主动参与各种学习和运用语言的实践活动 2. 主动与同学开展合作学习，乐于与他人分享学习资源和策略方法 3. 遇到困难或取得进步时能有效调整自己的情绪

（二）教学目标的设计

教学目标是指在教学活动中所要达到的预期结果或标准，即通过教学过程，使学生在思维、情感和行为上发生改变的阐述。其主要功能有四个方面：第一，为教学内容和策略的选择提供依据；第二，为教学组织提供依据；第三，为教学过程提供依据，教学过程在某种意义上是创造性地实现教学目标的过程；第四，为教学评价提供依据。教学评价是用一种标准对教学过程进行价值判断的过程，而教学目标则是这种价值判断的基本标准。信息化社会对人才提出了新的要求和内涵，这种新的要求必然对教学目标进行改造和扩充，主要体现在以下三个方面：信息素养、视觉文化素养和元认知能力。与传统的教学目标重视知识目标相比，这三个方面更注重学生的能力。

1. 教学目标设计的共性与个性

教师在设计教学目标时，总是以一定阶段或层次学生的共性特征来作为设计的基础，制定的教学目标是一个阶段内所有学生都应该达到的最基本的目标，这反映了人才培养的共性。但在教学实践中，每一名学生由于原有的学习基础、兴趣、能力倾向、社会背景等方面的差异，必然表现出自己独特的个性特征。在构建以学为主的学习目标时，能够处理好学生的共性与个性就显得很重要。建议从以下三个方面来考虑。第一，教师在学习目标设计的过程中，应考虑使教学目标具有一定的弹性，尽量缩小学习目标与学生的实际需求间的差异。这就需要教师课前一定要吃透教材，搞清学科知识特点和对学生的要求，以便在教学活动中随时根据需要进行调整。第二，使学生成为教学目标设计的合作者。第三，在条件许可的情况下，建议教学目标的设计实行多元化，即根据学生在学习过程中的实际情况制定分层目标，不搞一刀切。教师在设计时应尽可能充分了解每名学生的已有知识、技能储备和学习期望，有针对性地为他们设计经过努力可以达到的差别化目标，最终在保证整体目标实现的前提下引导学生的个性合理张扬。

2. 知识目标与能力目标的统一

由于重知识轻能力的传统教育观念的制约，再加上各级各类考试指挥棒的误导，传统的以教为主的教学设计在设计学习目标时，往往严重地偏向对学生要学习的知识内容的要求，而对于学生的能力的提高则缺乏起码的关注。在以学为主的教学中，帮助学生掌握科学知识是开展教学的一项基本任务，与此同时，让学生在感受、理解知识的产生和发展过程中，养成科学精神和创新思维习惯，培养他们收集处理信息的能力、获取新知识的能力、分析和解决问题的能力、团结协作能力等，则是更重要的任务。因此，在以学为主的教学目标设计中，必须加入对学生能力目标方面的要求，知识目标是总体目标的一个不可或缺的方面，知识和能力都必须服务于培养合格人才的总体目标要求。"认识世界的目标是为了改造世界"，知识是形成能力的基础，也是能力得以持久的保障，能力则是知识的归宿和目标。因此，笔者认为，学生能力不应该仅仅在学习的结果中才呈现出来，学习者所习得的能力主要应该在学习活动和学习过程中得到培养和体现。因此，传统的行为目标就不再适用于大多数教育期望，如过程、活动表现、内部心理机制等。

所以就必须在学习目标设计中引入能力目标及其相应的表述方法。应该指出的是，我们在强调能力目标的同时绝不可因噎废食而无视知识目标，这两方面应该是统一的整体，在进行以学为主的教学设计中，我们不反对给予能力目标更多的关照，但是我们不能因此而忽略知识目标存在的价值。这首先是因为没有必要的知识储备，能力将无从形成，例如，如果英语的学习没有一定数量的单词储备，那么是写不出好的文章的。其次，我们在进行能力目标设计的时候，总是围绕着当前所学的知识内容来开展，某一节的课文内容显然是当前所要学习的知识，但是一节课总是由若干知识点组成，并且对各个知识点所要求的能力也不相同。所以，只有在知识目标分析的基础上选出当前所学知识中最基本的概念和基本方法来作为学习"主题"，然后围绕着学习主题才能进行能力目标的设计。这样就防止了能力目标出现盲目、任意、泛化等趋向，保证了学生的学习效率。

综上所述，利用行为描述和提出问题的陈述方法将知识目标与能力目标有机地结合起来，相得益彰，互为补充，较好地反映了当前的教学改革的指导思想，让学生的学习"活"起来，通过更为丰富的学习活动和探究促进意义建构的发生，对我们的教学实践无疑有好的借鉴意义。

（三）教学方法、策略的设计

在信息技术与小学英语课程的整合中，我们不主张生搬硬套某种现成的信息技术整合模式，而是从小学英语课程特点和学生发展需要出发，探寻信息技术在小学英语课程中的功能和潜在优势，找到二者的结合点，从而应用信息技术呈现教学内容、创设教学环境、整合有关课程资源，以更好地实现小学英语课程目标，促进学生发展。

1. 信息技术与小学英语教学整合的基本策略

在小学英语学习的认知过程中，第一，要激发学生的学习兴趣，提出并明确学习任务。激发学生兴趣的方法有多种，要尽量结合学生生活和学习经验，鼓励学生自己发现问题。第二，教师要引导学生充分利用已有知识、经验在一个比较真实的情境中去感知新的语言元素。第三，学生在语言符号与实物或意念之间建立联系，但这一联系是短暂的，极易被遗忘，在真实情境中难以被激活。第四，学生要加以练习，而且练习要尽量仿真，要有评价、反馈和矫正，不仅要有类似情境中的机械重复，而且要变换人物、物品和场景，并增添新的语言要素和语言要求。尽量要求学生将已有知识技能和新学的知识技能进行组合，生成新的语言表达。第五，要充分发挥信息技术在英语教学中的功能，拓展语言运用的方式，以生成灵活性的语言能力。

通过上述讨论，以及前面的分析，我们认为在信息技术与小学英语课程整合中，有以下三个方面最突出的结合点：

（1）充分利用信息技术创设情境，为学生提供良好的语言环境。

《义务教育英语课程标准（2022年版）》提出英语教学不仅要重视"学什么"，更要关注学生是否"喜欢学"，以及是否知道"学什么"。在信息技术与小学英语课程整合的实践操作中，我们要注意利用信息技术所创设的情境要有利于营造良好的学习氛围，使学生乐学、爱学，激发起学生学习兴趣并能从深层次激发学生求知的欲望。要通过信息技术的应用，使教学活动情理交融、有张有弛，在情境中开展活动教学，使学生动脑、动眼、动口、动手，多种感官共同参与，更准确生动地感知所学知识，吸引学生更多地参与语言实践活动，促进学生准确流利的语言表达。而且在利用信息技术创设情境时要注意将信息技术模拟情境与真实情境相结合，利用信息技术与传统教学活动相结合。

（2）充分利用信息技术提供学习资源，扩大学生的英语输入量和接触英语语言的机会。

小学英语课程教学目的之一是"培养学生良好的语感"。我们知道，要培养语感，必须有大量输入。在利用信息技术提供学习资源时，无论是视听还是阅读材料，都要适合于学生当前的知识水平、认知水平和心理发展水平，并根据"最近发展区"理论提供一些稍微超前于当前学习水平的材料，以拓宽学生的视野，增加学生对语言的感悟。信息技术的使用要使学生有更多机会用多媒体课件或通过网络学习英语，在会话读写各方面得到更多锻炼。学习频度的提高，进一步促进了学生对英语的感知和掌握，从而使学生通过大量的语言输入，培养良好的语感，更好地实现课程目标。同时，利用信息技术作为学生的认知工具、思维工具，在学生大量输入、大量接触英语语言的过程中为学生的深层思维、创新活动提供支持，增强学生学习的自主性，并且培养学生主动获取信息、分析信息、处理信息、传递信息的能力，为终身学习打下基础。

（3）充分利用信息技术实现人机互动、人人互动、全员互动，拓展学生合作交流的渠道。

小学英语课程教学目的之一是"培养学生交流能力，发展综合语言运用能力"，提倡任务型教学法。信息技术与小学英语课程的整合，要有利于教师通过设计真实的任务型活动，让学生在完成真实任务的心理驱动下开展语言实践活动。充分开展小组合作并与课堂外人员广泛合作，真正用英语去交流，获得和积累相应的学习经验，把"习得"和"学得"有机结合，在学中用，在用中学。同时，信息技术的应用要充分体现以学生为中心的特征，更多地赋予学生学习的自由，通过教师的组织和指导以及其他软件、硬件的帮助，让学生学会自己学习、自己探索、获取知识、培养技能。

总之，通过信息技术与小学英语课程的整合，要突破过去那种以教材、教师为中心，教师教、学生跟着读的旧模式；改变过去只注重音标、语法的传统英语教学方式。通过实施课程整合，促使教学过程四要素的转变：变教师"主讲"为"主导"，变学生"被动"为"主动"，变媒体"教具"为"学具"，变教学内容"以教材为中心"为"教材加生活"。通过转变，强化学习环境和自主学习策略的设计，更好地实现小学英语课程目标，促进每一名学生全面发展以及综合素养的提高，真正落实"以学生发展为本"的新课程理念。

2. 信息技术与小学英语课程整合的方法

（1）信息技术与小学英语会话教学的整合。

我国英语教学多年来难以突破的一个瓶颈就是会话能力的提高。小学英语教学强调从会话开始，这一方面符合语言学习的规律，另一方面也符合儿童的年龄特征。心理学研究结果表明，儿童期是语言习得的最佳时期，而小学低年级阶段，更是培养学生会话能力的关键期。在小学英语教学中尤其是入门阶段，通过恰当的方法提高学生的英语会话能力，可以达到事半功倍的效果。为此，要通过信息技术与小学英语会话教学的整合为学生创设最理想的语言环境，即由高质量的资源库提供理想的"听"的环境，并通过全新的课堂教学设计实现理想的"说"的环境。

a. 视听起步。

会话领先，但听和说不是绝对同步的，听要适当领先于说。一切语言的起点是听，要先听后说，多听多模仿是学好英语的基础。会话教学绝不可能是单纯地听，也不可能是单纯地说，借助于"视觉"而开展形象直观的英语教学符合小学生的心理年龄和认知方式，也有利于加强听觉记忆，有利于说得准确流利。要充分发挥多媒体和网络技术所具有的特性，通过鲜明的图像、有趣的声音刺激学生的视觉和听觉，吸引学生的注意力，创设良好的会话环境。

b. 开口练说。

通过创设的丰富情境，学生在视觉、听觉的综合刺激下调动起学习积极性，并在老师暗示性的引导和要求下产生"说"的欲望。考虑到小学生的年龄特点，师生之间的交流是必不可少的，为此，教师要示范朗读、带读，学生一个个地模仿、跟读。在此基础上充分发挥多媒体网络技术的特性，利用网上视频提供示范朗读，学生进行实时跟读。

c. 拓展训练。

在学生大量会话模仿的基础上，开展拓展训练，可以组织学生开展双人对话、小组对话、辩论、游戏、看图说话、主题对话、角色扮演、故事问答和作品设计等拓展性活动，使学生用会说的语句重建英语情境。这样就完成了从情境到语言，再从语言到情境的过程。学生在角色扮演的活动中，发挥了充分的想象力，获得了成就感。角色扮演要遵循由易到难、循序渐进的原则。

d. 课外巩固练习。

课内获得的口语表达规律，在课外继续进行巩固练习。在教师的要求和引导下，学生自己将口语表达的环境从课堂扩展到校园的各个场景中，并从校园中扩展到家里、社会上，以此强化意义建构。

（2）信息技术环境下小学英语阅读教学的方法。

阅读是搜集信息、处理信息、认识世界、发展思维、获得审美体验的重要途径。一个人英语阅读能力的高低，往往决定了他吸收有用信息的数量和质量。传统的灌输式教学提供给学生的阅读量很有限，学生的自学能力和阅读能力难以得到有效提高。

而利用信息技术在情境创设、资源提供及人机交互中的巨大优势，让学生在教师的引导下，畅游在网络中，借助音频、图片、动画及有声词典进行自主学习，使学生开阔了视野、掌握了知识，又提高了自学能力，品尝到了英文学习带来的快乐。

a. 扩大词汇量。

扩大词汇量是提高英语阅读能力的基础。如果没有词汇，任何形式的交流都无从谈起。小学英语教学应努力创设积极向上、生动活泼的教学环境，激发学生学习的兴趣和记忆单词的动机，巧妙地将词汇教学渗透于学生的认知过程中。游戏是学生普遍喜爱的活动，也是激发学生学习兴趣很好的手段。在小学英语单词教学中，采用游戏教学的方法，营造轻松、活泼、愉快的课堂气氛，让学生寓学于乐，在乐中去学。根据网络课件交互性较强的优点，可以设计找朋友、打气球等游戏来辅助单词教学，让学生在游戏中学习、巩固单词。

b. 创新课文教学。

小学生的特点是喜新好奇，爱听故事。传统的课文教学仅限于课本、故事书等提供的文字材料，学生会感觉枯燥、乏味，难以激发兴趣，教师也会感觉课文教学费力大但效果不佳。为改变这一现象，我们可以利用多媒体呈现该课内容所反映的特定情境画面，同时用正常语速示范会话，学生边看边听，结合画面所提示的情境和刚学过的单词，努力揣摩课文含义。

c. 创设情境，再现故事。

学生掌握了词汇，理解了课文内容，这只是停留在语言信息输入阶段，还没有经过内化输出，还不能真正运用语言。新课程标准指出，"英语课程要培养学生的核心素养。"在实施整合的小学英语课堂中，利用信息技术创设语言环境，指导学生进行角色扮演，改编、表演故事，是培养学生语言能力、文化意识、思维品质和学习能力的重要手段。

d. 课外扩展阅读。

将英语阅读扩展到课外，给学生介绍一些小学英语在线阅读的网站，让学生利用课余时间在线欣赏有声故事，扩大学生阅读量，同时提高听读能力。

（四）教学评价的设计

教育是一个从量变到质变且不断发展的活动过程，需要根据情况变化及时做出判断和决定，由此产生相应的教育评价。评价是英语课程的重要有机组成部分，是实现新课程目标的重要保障。英语学科的教育评价包括对英语教育全过程的评价——教学目标、教材等教学资源所提供的教学内容、教学模式与方法、学生学习状况和成就、教师教学能力以及对教学评价质量的评价等。评价理念的落后往往是制约课程改革与发展的一个严重问题，传统的评价问题主要反映为评价目标过度强调学科知识体系，忽视人文性，以测试为评价的唯一形式，注重对单纯的语言知识结构的考查，重结果，重成绩，进而形成日常大量的教学活动以考试为中心，使本应是生动活泼的学习过程变得僵化，使学生的身心发展受到极大的限制和伤害。英语新课程标准指出，评价应体现评价主体的多元化和评价形式的多样化。评价应关注学生综合语言运用能力的发展过程以及学习的效果，采用形成性评价与终结性评价相结合的方式，既关注结果，又关注过程，使对学习过程和对学习结果的评价达到和谐统一。因此，信息技术与英语教学整合的评价应体现以下几个方面。

1. 体现学生评价的主体地位

学生是学习的主体和评价的主体。在评价方面，学生的主体性首先反映在评价理念和评价模式的改革中。我们所有的教育活动，包括评价活动都是为了学生的发展。评价的改革要促进新的教育理念的传播和实施，评价的设计与操作要有利于课程改革，有利于学生自主地个性化、多元化的发展。要注重对学生综合素质的考查，强调评价指标的多元化，促进学生的全面发展；评价要保护学生的自尊心和自信心，体现尊重与爱护，关注个体的处境与需要；评价应突出发展、变化的过程，关注学生的主观能动性，激发积极主动的态度；要研究评价方法、成绩记录方式如何体现以学生为主体的教育理念。

鼓励学生积极、主动地对自己的学习情况进行评价与反思；确立以学生为本的评价模式，通过评价，让学生了解自己所处的发展状态，体验进步与成功，从而产生进步的动力；要使学生喜欢评价，这是评价中的一个重要原则——激励性原则。而传统的评价方式中如按成绩排名、以分数排座位等都会极大地影响学生的发展及其学习的积极性，是不可取的。

2. 评价与教学的协调统一

评价与教学的根本目的是学生的成长与发展。因此，评价特别是日常教学中的发展性评价，应与教学融为一体，应有利于促进教学，有利于学生的成长，有利于教师教学能力的提高，有利于学校整体教育水平的发展。同时，要认真研究阶段、学段教育目标和考试的目的，用科学的评价手段充分体现教育、教学目标，淡化大规模的关键性考试对学校和学生造成的巨大压力，使考试和评价对教学产生正面的导向作用。同时要更加注重平时的点滴成绩（如课堂表现、课后测验、随堂小结等），只有这样，才能更好地引导教学。

3. 注意评价方法的多样性和灵活性

评价的手段是丰富多样的，教师应根据不同学生的年龄特征和学习风格的差异，采取适当的评价方式，让评价体现人文关怀，全面评价学生的发展和进步。其主要做法是引入形成性评价机制与方法，改革终结性评价的指导思想。应根据语言教学目标，学生语言发展程度、认知能力和评价的目标，采用恰当的方式。在教学中应注意形成性评价和终结性评价的恰当组合，使其互相补充，综合运用。比如可采用描述性评价、等级评定式的评分等评价记录方式。教师再根据评价结果，与学生进行不同形式的交流，充分肯定学生的进步，鼓励学生自我反思，自我提高。

4. 对学生的评价要重激励、重发展、重能力

英语学科的教育评价是英语教育的重要环节。科学全面的评价可以为教学的改进提供可靠的反馈信息和质量监控及导向，更可对学生的全面发展起到诊断、激励和强化的作用。因此，要强化评价的诊断和发展功能，弱化评价的选拔和淘汰作用；强化评价的内在激励作用，弱化评价的外在诱因和压力作用。研究、尝试建立有利于学生健康成长的激励性评价机制。要突出评价的整体性和综合性，改革评价中存在的单一知识或单一技能检测的做法。在终结性测试中，一般都包括听力、口语、笔试等形式，其中听力测试应着重检测学生理解和获取信息的能力，不应把单纯的脱离语境的辨音题作为考试内容。笔试应避免单纯语法知识题，要增加具有语境的应用测试题，适当减少客观题，增加主观题等。

（五）信息技术环境下教学设计模式

1. 信息技术与小学英语教学整合的模式

当前，我国许多中小学校的多媒体教室大多数都已联网。在该模式中，信息技术的作用主要体现在创设英语教学情境方面，所以，整个模式必然是围绕英语教学情境的创设来建构的，在具体实施过程中，应强调以下三个步骤。

（1）创设情境，整体感知。教师创设出符合教学内容的情境，如运用多媒体计算机来演示时间、地点、起因、经过、结果、人物的思想及其活动等，并提示学生观察和感受情境中美的因素，以引起学生的兴趣，调动他们学习的积极性。

（2）渲染情境，重点突破。教师综合运用多种手段来强化与渲染情境，主要通过对教学内容中的有关情境进行精雕细琢，引导学生积极思考，突出教学中的重点和难点。重点和难点可能是知识的理解与接受，也可能是听、说、读、写等的训练，还可能是情感的体验等。

（3）再现情境，整体训练。这是教学的第三个阶段，教师要对本节课中的重要内容进行回顾并加以总结，而按学生的注意力曲线来分析，这一阶段学生的注意力已处于低潮期。在计算机多媒体教学环境中，最好的办法，是通过简略概括再现教学情境，并趁机对学生掌握知识的情况进行一次总体考察。一是一种新式的评价，也是促进学生将新知识巩固、内化与迁移的过程。

2. 网络技术与小学英语教学整合的模式

学生探究性教学模式必须基于多媒体计算机与网络结合的课堂教学环境才能进行。在整个探究性课堂教学过程中，既强调以学生的学习为中心，通过学生的探究（即语言实践活动）来学习，同时也不能忽视教师在教学过程中的主导作用。教师在教学过程中起到组织、协调、帮助、指导等促进学生学习的作用。参照建构主义教学理论，笔者设计了学生探究性教学模式的一般操作程序，其教学过程应注意以下三个步骤。

（1）创设教学情境，提出要探究的问题。教师利用多媒体课件、网上教学资源创设不同类型的教学情境，如社会情境、自然情境、文化情境、问题情境等，供学生观察思考，提出要探究的问题。在探究性语言教学模式中，探究的问题可以是由学生自己提出来的，而且在语言教学中也必须有意识地培养学生提问、质疑的能力。这样，课堂教学一开始便能吸引学生的注意力，调动学生探究的积极性，形成良好的课堂教学气氛。

（2）组织语言实践活动，学生展开探究性学习。师生围绕需要探究的问题开展语言实践活动，在活动中，教师可以先示范，引导学生形成探究策略，接着学生可以利用信息搜索工具收集有用的资料信息以进行自主探究，还可以利用信息交流协作工具（如WeChat）进行思想交流、表达意见或共同完成探究任务。教师就学生在探究过程中碰到的疑难问题给以启发指引，或通过网络监控平台了解学生学习进程并及时进行指导，教师只是活动的引导、帮助、促进与协调者，学生才是活动的主体。

（3）指导学生进行自测评价，完成意义建构。教师可以利用数据库建立形成性练习题库，利用SPSS统计分析系统或学习反应信息分析系统和方法帮助学生进行自我评价。

三、信息技术环境下小学英语教学主题平台的设计

（一）小学英语知识体系梳理及信息技术构建

1. 平台设计思想

通过对相关理论的研究、课标的分析及英语信息技术的构建，确定信息技术环境下小学英语教学主题平台设计的基本思想为：

（1）构建小学英语学科知识库，为知识的存储、共享及学习应用提供支撑。

小学英语学科知识库打破了传统知识的线性存储方式，体现知识的关联性，除了满足学生的学习需要外，还能够为学生展现相关联的知识，帮助学生构建自己的知识体系。

（2）以小学英语主题式教学模式为指导，以英语交际能力培养为核心，创设主题学习情境，重点培养学生英语思维及跨文化交际能力。

因为小学生受认知水平的限制，在自控能力、判别能力等方面有所欠缺，所以不能完全脱离教师进行自主学习，因此，本平台以信息技术为支撑，由教师为学生设计学习路径和学习资源，在教师指导下，学生完成学习任务及课后练习。0～12岁是语言交际能力培养的关键期，所以在小学阶段，应该重点培养学生的英语思维及交际能力。由于受生活环境限制，一般学生很难接触到真正的英语语言环境，这就导致了学生无法将语言和情境产生关联，因此，当需要听说英语时，思维无法及时快速反应出相关的知识，也就造成了"哑巴英语"的尴尬现状。借助网络信息技术，创设主题学习情境，将极大改善这种情况。

（3）创建个人知识管理工具及环境，提高学生信息素养。

当前，人类进入信息社会和知识经济时代，如何利用信息技术对自身知识进行管理就成为一件非常重要的工作。个人知识管理（Personal Knowledge Management，PKM）主要包括以下三方面内容。

① 对个人已经获得的知识进行管理；

② 通过学习和借鉴，弥补自身不足，构建自己的知识体系；

③ 利用自己掌握的知识，结合其他人的思想，形成新的观点，实现隐性知识的显性化，进而实现知识创新。

"收集、管理和使用信息的方式，决定了你的输赢。"比尔·盖茨这句话很好地诠释了个人知识管理的作用，个人对知识的寻找、发现、获取、利用、评价、交流的能力决定了自身的竞争能力。

随着信息技术的发展，很多有特色的工具和技术都可以为我所用，来构建个人知识管理环境，比如：可以利用收藏夹功能来分类管理各种信息链接；利用Blog、BBS 等来总结自己的经验心得（隐性知识）并与他人分享；利用思维导图工具来整理自己的思维，构建自己的知识体系。

（4）提供多样化的综合评价方式，重点发挥激励作用。

评价是英语课程实施过程的重要环节，是及时监控教学过程和教学效果的重要手段。小学英语教学评价应以课程标准和平时的教学内容为依据，以激励学生的学习兴趣为主要目的，采用符合学生认知水平、具有多样性和可选择性的评价形式。小学阶段的评价应以形成性为主，重点评价学生平时参与各种教学活动的表现。小学中、低年级的终结性评价应采取与平时教学相近的、生动活泼的活动形式。小学高年级的终结性评价也应主要采用与平时教学活动相近的方式进行，合理采用口试、听力和笔试相结合的方式，考查学生基本的理解和表达能力，重点考查学生用英语做事情的能力。终结性评价的成绩评定可采用等级制或达标的方法，不宜采用百分制。

2. 小学英语知识体系梳理

（1）小学英语知识分类。

《义务教育英语课程标准（2022年版）》提出英语课程要培养的学生核心素养包括语言能力、文化意识、思维品质和学习能力等方面。其中语言能力主要是听说读看写的能力培养。语言知识是语音、词汇、语法、语篇和语用知识。可以说语言知识是语言学习的一个基础，以知识为载体来发展学生的语言能力。思维品质、学习能力和文化意识则更多的涉及主观方面学生的选择，有更多的抽象性和多样性，按照不同的语境和情境以及学习内容的变化会具有很大的变通性。因此，笔者将小学英语知识分为基本知识、通用知识和策略知识三部分。基本知识包括语音、词法、句法，它们是英语的基本支撑系统；通用知识包括词汇、短语、句型、习惯用语、固定搭配、文化风俗等；策略知识包括学习方法、学习技巧等。

①语音。

语音教学是语言教学的重要内容之一。自然规范的语音、语调将为有效的口语交际打下良好的基础。语音教学应注重语义与语境、语调与语流相结合，不要一味追求单音的准确性。

在英语教学起始阶段，语音教学主要应通过模仿来进行，教师应提供大量听音、模仿和实践的机会，帮助学生养成良好的发音习惯。

语音主要包括元音、辅音、重音、意群、语调和节奏等内容。

②词法。

《义务教育英语课程标准（2022年版）》二级语法中并未明确区分词法和句法，但是语法项目中包含了词法和句法的内容。词法与句法都是固化的内容，不仅仅是小学阶段英语学习，更是之后英语学习的基石，因此，下面对小学阶段的词法和句法分别进行分析。

词法知识主要包括词类和构词法。词类分为名词、代词、数词、介词和介词短语、连词、形容词、副词、冠词、动词。构词法包括常用词的转化、合成。常用的前缀、后缀，以及加前后缀的方法。《义务教育英语课程标准（2022年版）》二级语法中指出，在小学阶段要掌握名词的单复数形式和名词的所有格，人称代词和形容词性物主代词以及表示时间、地点、位置的常用介词。

③ 句法。

句法知识主要包括句子种类、句子成分、简单句的基本句型、复合句。

小学阶段对于英语句法的要求是比较简单的，句子的种类为简单句，到了小学高年级阶段涉及直接引语和间接引语。

（2）基于主题的英语知识体系描述。

英语主题式教学以主题为中心整合、呈现教学内容，学生围绕主题展开教学活动，将以往获得的零散的英语知识根据主题相关的内容联系起来进而获得意义上的链接，并根据主题的多方位学习不断得以重复、强化和熟练。

基于主题构建知识体系是指围绕主题把已学过的知识内容和新的知识内容系统地综合起来，建立知识体系，从而促进学生对知识的整体学习与掌握。

语音、词法、句法等基本知识是语言学习的基本支撑体系，词汇、短语、句型等是语言学习的基本框架，脱离了这些，语言学习是不存在的。通过对交际能力的研究证明，语言能力是交际能力重要的一部分，语言学习在没有牢固掌握语言结构的情况下，要想自由地表达思想时，不正确的交际手段会过早地定型，学生以后再要修正错误就比较困难了。可见，只有具备了扎实的语言知识，具备了准确理解和创造句子的能力，才能培养出真正的交际能力。对于小学生而言，刚开始接触英语，在基本的词汇、语法方面接触不多，而且由于现在课程改革的要求，尽量减少枯燥无味的陈述性知识的记忆，因此，利用信息技术手段支撑，把这些知识融合到功能与话题中，借助信息技术让学生熟悉和掌握，将知识学习与能力培养整合，为学生以后的学习打下良好的基础。

跨文化交际是指在不同文化背景下，人们之间的交际。不同的文化背景在文化取向、价值观念、思维方式、社会习俗等方面都存在差异。传统教学只注重对学生进行语言知识的传授，而忽视了其跨文化交际能力的培养，学生无法了解这些语言形式背后的社会文化背景，导致他们不能通过所学的语言顺利地进行跨文化交际。因此，英语教学不能只停留在简单地传授语言知识上，还要将文化背景、风俗习惯等知识融于教学之中，培养学生的跨文化交际能力。

多种形式的教学活动是英语学习的主要载体，在教学过程中，要把学生作为学习活动的主体，教师应该运用灵活的教学方法，在课堂上明确组织、引导，充分发挥学生的主体作用，充分调动学生的积极性，培养其交际思维能力。在对英语知识进行必要的精讲的同时，应兼顾学生听说的同步训练。针对班级实际情况，教师应尽可能地用英语来讲解语言知识，组织课堂教学，并要求学生用英语反馈信息，将听和说贯穿在教学活动的全过程，在潜移默化中培养学生的语言思维能力和交际思维能力。针对某一单元、某篇文章的主题，教师可以提出一个或数个讨论题，让学生用英语就这些主题进行分组讨论，并对讨论情况进行总结，对学生的努力进行肯定和表扬。讨论这种方式不仅给学生提供了难得的口语锻炼机会，而且给他们提供了用英语发表个人见解的机会，使他们处于积极的思维状态，不断提高其英语思维能力。此外，在课堂教学中，教师还可以采用问答、复述、描述或演示等活跃学生英语思维的方式来丰富课堂教学形式，发挥学生主体作用，营造课堂英语交际环境，提高学生交际思维能力。

策略知识是学生为了有效地学习和使用英语而采取的各种行动和步骤以及指导这些行动和步骤的信念。英语学习策略包括元认知策略、认知策略、交际策略和情感管理策略等。策略知识是灵活多样的，策略的使用因人、因时、因地、因事而异。在英语教学中，教师要有意识地帮助学生形成适合自己的学习策略，并不断调整自己的学习策略。在英语课程实施中，帮助学生有效地使用策略，不仅有利于他们把握学习的方向，采用科学的途径提高学习效率，而且还有助于他们形成自主学习的能力，为终身可持续学习奠定基础。

3. 小学英语信息技术构建

（1）小学英语信息技术内涵。

教学模式是在一定的教育思想指导下，为完成规定的教学目标和内容，针对构成教学的诸要素所设计的相对固定的简化组合方式及其活动程序。

英语信息技术是教师以主题为核心，将英语教学内容有机地组织起来，学习者通过自主、协作、探究等方式，在不断接触和深入主题活动的过程中习得英语，深化对主题的认识，逐步学习并建立较为完整的反映主观与客观世界及社会交际需求的知识体系，并达到提高学生的跨文化语言交际能力的目的。

英语信息技术的教学思想是以建构主义学习理论、语言习得理论、人本主义理论为指导，以跨文化交际能力培养为目标，强调以意义和内容为中心，主张开展以学生为中心的教学活动，教学重视学生的要求，以学生的积极参与为衡量标准，课内课外有机结合，重在学生的能力培养。

（2）小学英语信息技术的构建原则。

① 主题性原则。

主题性原则指的是所有教学活动必须围绕一个共同的主题。围绕同一主题，首先可以让学生接触到该主题的不同层面的丰富的语言现象和语料，使学生在表达时可以有感而发、有情可述，增强学生学习英语的自信心；其次，围绕同一主题的多案例强化，提高了单词的复现率和类似句型的使用率，有利于学生在情境中对这些词汇、句型及文化知识的掌握和运用，从而提高学生的交际能力。

贯彻主题性原则就需要对现有教材进行整合，找出相同主题并按主题来归纳整理授课，提高同一话题的输入质量，帮助学生进行有效输出。

《义务教育英语课程标准（2022年版）》从人与自我、人与社会、人与自然三大范畴列出10个主题群，这些都是日常交流中常见的项目和主题，在实际应用时，教师可以根据教学需求及学生情况灵活选取，尽量贴近学生生活和实际。

② 整体性原则。

开展信息技术应遵循的另一个教学原则是整体性教学原则。语言是一个整体，要想切实全面地培养交际能力、提高语言水平，更应该采取综合培养的方法，即在教学中兼顾听、说、读、看、写等多项技能，使语言能力综合发展。整体性原则既强调教学内容的整体性，也强调教学活动的整体性，还强调语言学习和语言运用的有机统一。在教学内容安排上，同一主题包含多个不同难度的教学案例，这样从低年级到高年级，学生可以从多方面了解这一主题，加深对其的理解和运用；在教学活动安排上，低年级更注重听说能力的培养，而到高年级则需要逐渐加强语言知识的学习及读写能力的培养。

③ 互动性原则。

互动是两个或两个以上的参与者之间交流思想感情的活动，互动是一个"双向交际"的过程，它更有利于语言的习得。遵循互动性原则就是师生在课堂上进行多边互动的教学活动，体现学生主体、教师主导的教学理念，教师的任务，一是根据不同的话题设计出不同的互动形式，如提问、对话、讨论、角色扮演、课堂辩论、作品展示等；二是根据不同的活动选择不同的互动方式，如师生互动、生生互动以及自我交互等。

④ 综合评价原则。

评价是检验教学效果是否达到预期目的的一种手段。开展信息技术，必须采用形成性评价和终结性评价相结合的做法，对学生的课程学习情况进行评价，除了传统的笔试测验外，还应进行口语测试，同时参考平时的作业、课堂活动参与度、出勤率、交流协作的参与度等。综合评价不仅关注最后的学习效果，还关注学生的学习过程及情感态度等，有利于激发学生参与课堂活动的热情，帮助学生正确认识自己学习行为的因果关系，树立学习信心，保持学习的动力。

4. 小学英语信息技术的活动程序

基于信息技术的教学活动根据学生的情况不同，侧重点也不尽相同，此处针对的主要是小学低年级的学生，主要以听说训练为主，通过接触探究、模仿练习和自由表达思想等形式来组织教学，从学生实际出发确定学习目标，调动学生学习的主动性和积极性，使教学过程交际化，培养学生的交际能力。

通过对国内外文献的研读，笔者找到了一些具有代表性的教学活动程序，主要有以下三种。

① 基于主题的"THEMES"设计法。"THEMES"中每个字母分别指代think（思考）、hone（处理）、extrapolate（推断）、manipulate（使用）、expand（展开）、selecting（选择），即按照"思考主题—处理目录—推断标准—使用主题—展开活动—选择目标和评价策略"这样的步骤来设计信息技术。

② 基于项目的学习模式（Project-Based Learning，PBL），指的是以学生为中心，强调小组合作学习，其流程为选定项目—制订计划—活动探究—作品制作—成果交流—活动评价六个步骤。

③ 黄永和认为主题课程步骤为：决定组织中心—发展概念网络—决定学习内容—建立引导性问题—设计学习活动—决定评价的方式。

在借鉴以上活动程序的基础上，结合信息技术的目标，笔者建构了基于网络教学平台的小学英语主题式教学活动程序，下面就其中每一个步骤的详细做法和注意事项进行介绍。

（1）课前准备阶段。

① 选择主题。

主题的选择应注意以下方面。

a. 主题内容要集中。主题应集中反映某一个特定主题的内容和知识，不能是松散而没有条理的，要使学生把握学习内容的核心。

b. 主题要具有内容性和真实性。脱离了现实生活的语言学习是没有价值的，主题既将教材与教学任务相结合，又应该和学生的生活相联系，选择主题时应关注在日常生活中常常会遇到的，与现实生活密切相关的问题。这些主题对于学生来说比较熟悉，学生能够有话可说。这样能够激发学生的兴趣和创造性，使学生主动学习，发挥自己的主观能动性。

c. 主题任务要具有可行性。确定的主题除了考虑可以促进学生的最大发展之外，还应设定为学生力所能及的范围之内，使学生能够利用自主、协作学习的方式进行探究。

② 分析学生情况。

分析学生对学习主题内容所需基础知识掌握的程度和已经形成解决问题的能力水平、学生学习普遍存在的困难、学生认知能力和情感特点。信息技术过程中，学生现有的知识与经验是教学设计的基础，探究的内容既要再现学生已有的学习经验和生活经验，又要以此为基础难度略有提升，如果学生找不到进行发展的基础和支点，教学活动不仅无法吸引学生，更让学生失去完成学习任务的信心。

③ 确定教学目标。

通过对教学对象的分析，设定符合学生水平的学习目标。

教学目标是教学活动的重要环节，明确了教学目标，学生才能了解自己要学习的内容和通过学习应达到的水平，才能提高学习效果；明确了教学目标，教师才能把握教学活动中的重点，才能有效地教学。

（2）教学实施阶段。

教学活动的实施是整个主题式教学的核心，实施过程中应注意充分发挥学生的主体作用，同时要调控课堂，使教学活动能够有序地进行。

① 主题导入。

主题导入是将主题与学生现有的背景知识和已掌握的经验联系起来的过程。在这一阶段中教师提出与主题相关的问题，激发学生进行有关该主题的联想，引起学生的注意，从而为学生进入该主题的全面学习做好准备。

在主题导入过程中，教师可以利用多媒体及网络工具创设情境，通过视听效果让学生迅速进入主题。

② 问题探究。

学生初步了解了主题内容后，教师引导学生利用网络教学平台自主学习、合作探究信息技术视频案例，启发学生根据情境、语音和人物动作来综合思考案例表达的思想内容。

教师在学生探究的过程中，可以对学生采用的方式方法进行引导，这样可以在一定程度上辅助学生顺利完成探究过程。

③ 知识学习。

通过问题探究，学生已经初步了解了主题案例所表达的意义，接下来利用平台提供的案例视频（带解说）及对应的句型分析和单词解释进行自主学习，要求学生能够正确地把握句型的含义和用法以及单词的读音，其间教师针对语言语音知识进行指导。

语言能力是交际能力重要的一部分，只有具备了扎实的语言知识，具备了准确理解和创造句子的能力，才能培养出真正的交际能力。

④ 模拟训练。

在探究学习的基础上，教师提示学生想象这个故事或者事件的情节发生在自己身上的时候该如何回答，并让学生利用平台创设的模拟训练环境进行模仿练习。

a. 角色扮演中提升英语的听说能力：通过前面的学习与思考，引导学生进入角色扮演，在情境中提升英语的听说能力。

b. 语音语调纠正：语音语调纠正这一部分基本是贯穿教学始终的，但是安排在这个位置，效果较好，因为学生已经了解了故事，掌握了单词及句型，在这一环节提示学生语音语调的正误，使其能够便于改正。

⑤ 应用实践。

引导学生利用平台的思维导图工具整理与主题相关的知识，形成知识体系，同时布置与主题相关的合作练习任务，让学生以所学知识为主题情境编剧、配词，并由小组合作进行角色扮演练习，最终形成作品，利用平台的作品展示功能，实现师生、生生之间的自评、互评。

将学习成果展示出来会使学生产生被关注感，有利于激发学生主动学习的情绪。主题式教学的特点就是以主题为中心进行的探究活动，而探究的结果对整个学习过程起到了画龙点睛的作用，在教学活动中鼓励学生以多种方式展现学习成果。

（3）课后练习阶段。

可以利用成果展示等功能，进一步巩固和复习学过的知识，还可以利用平台的日志功能将自己的经验心得与其他人共享，促进隐性知识的显性化。相比传统的教学方式，学生在家中学习遇到困难时，可以利用网络教学平台的知识库系统便利地检索知识，也可以利用平台的互动交流功能向同学、老师求助，突破了时间、空间的限制，大大提高了学习的效率，提升了学生的信息素养。

（二）基于小学英语教学平台的应用案例设计

1. 平台应用目标

小学英语教学平台是基于体系化的知识库，以英语思维和交际能力培养为核心，构建的人性化网络学习环境。能够有效支撑课堂教学应用，同时满足学生个性化的学习需求，促进知识的交流、思想的表达。

平台的应用目标是有效地利用平台优势达成课程教学目标，同时能够帮助学生构建知识体系，培养英语交际能力。

平台的应用目标具体表现在以下三个方面。

（1）支撑课堂教学，实施有效教学。

传统教学模式强调以教师为中心，强调传递—接受式学习，学习者的主动性、创造性难以发挥，而以学生为中心的信息技术恰恰与之相反，它以建构主义学习理论为主要理论基础，突出优点是有利于培养学生的创新思维和创新能力。

对于小学阶段而言，学生的自控能力和自主学习能力都较差，接受式教学和完全自主探究学习都不适合，在这种情况下，可以利用平台对教学路径进行设计，为学生设计学习情境和学习任务，搭建学习框架，在教师的指导和辅助下一步步完成学习。

（2）支撑学生课后的自主学习与交流沟通。

目前的很多英语学习网站，学习资源只是简单的线性呈现，系统性差，不成体系，对于小学生来说，很难选择合适的学习内容。针对这种情况，可以利用平台针对不同学生的差异和学习要求，建立不同层次的自学课程和学习任务，并且提供帮助链接，可以快速定位知识库中的相关知识，解决学习困难。教师可以利用学生学习进度跟踪来了解学生的学习情况。利用消息服务，学生可以在课后学习遇到困难时向教师或其他同学请教；利用交流讨论区，学生可以建立主题讨论区，方便小组讨论。

（3）支撑学生的思想表达和知识构建。

知识分为显性知识和隐性知识。显性知识既然可以客观描述，就容易以具体的方式存储及流通，而隐性知识是主观的概念，通常是通过个人经验、印象、熟练的技术、文化、习惯、思考、心得、体会等方式表现。通过建立学科知识库，可以将学科知识结构化、清晰化管理，建立易于操作的索引系统，以便查询使用，但越来越多的证据表明，创新更多的是依赖于隐性知识。随着更多的学者和实践人员认识到隐性知识的重要性，隐性知识和显性知识之间的转化问题受到越来越多的关注。

利用平台的 Blog 功能，学生可以将自己的学习心得、疑难困惑、成果作品方便地表达并与其他人分享；引导学生利用思维导图工具，梳理知识关系，构建知识体系，培养创新思维。

2. 应用案例设计

（1）设计目标。

运用英语平台展开英语课堂教学，可以使教学直观形象，教学形式生动活泼，教学过程紧凑高效，从而加强学生的视听感受，提高学生的学习兴趣。

学生在学习过程中，让他们在自主探究的基础上开展句型练习、对话练习，在交流活动中突破主题难点，发展英语思维能力和英语实践能力，激励他们自主学习，获得成就感，增强自信心并培养合作精神，体现信息技术在课堂中的优势。

（2）案例设计。

案例针对的是具有一定听说能力的学生，主要目标是锻炼学生在一定的日常生活情境中，能够根据人物的语言、表情、动作及所处的情境，综合理解对话的含义及表达的方法，培养学生的英语思维能力和交际能力。

本章小结

随着更新观念、转变方式、重建制度的基础教育课程改革的推进，教学观持续影响着教师的课堂教学行为。开发与利用小学英语教学资源，不仅是一种教学智慧，还是对教师专业素养的考验。本书将充分考虑教学预设与生成的关系，对小学英语教学资源的概念、特征、类型、价值等问题进行详细论述，并且提出其开发与利用的优化策略，为小学英语教师实施教学提供方法借鉴。在这样的基本思想指导下来构建一个能够支撑教师教学和学生自主学习的教学平台，并在此基础上依托平台探索和创新教学方法和教学模式，培养学生英语交际能力，促进学生的发展。

第八章　信息技术环境下小学英语整合模式保障措施

一、优化小学英语教师培训

有研究者指出，如果教师不了解如何有效地使用信息技术，那么所有与教育有关的技术都没有任何实际的意义，教师才是赋予信息技术魔法的人。由此我们可以延伸出，对于小学英语语音教学而言，教师具备有效地应用信息技术进行语音教学的能力，是非常重要的。所以，提升小学英语教师应用信息技术进行语音教学的能力是刻不容缓的，而要提升教师应用信息技术进行语音教学的能力，就必须加强教师的培训。从前文的分析中来看，至少包括以下三个方面的培训：一是英语语音素养方面的培训；二是英语语音教学方面的培训；三是小学英语语音教学中信息技术方面的培训。

（一）英语语音素养方面的培训

学好英语语音是学好英语的基础，而英语是一门语言，作为教师要看到英语作为语言的工具性和人文性。《义务教育英语课程标准（2022年版）》强调语音知识对交际的重要性。但由于各种原因，导致一部分小学英语教师只注重应试，只把英语当成一门学科而非一种语言。这就使得教师在进行语音教学的过程中目标有偏差，达不到真正的语音教学的目的。经调查，我们也发现很多一线的小学英语教师并非英语专业的，而是考取教师资格证之后成为一名英语教师，但我们也很清楚小学的教师资格证在笔试阶段没有英语专业的考核，而面试阶段更多的也是看教师上课上得如何，对于英语专业方面的考查是少之又少。所以，面对这种情况，政府或是学校要提供相关的政策和制度保障，关注英语教师的专业发展，尤其是英语专业知识和素养方面的发展，让教师们成为真正专业的人。比如在实习期或者入职培训中，学校或者区/县教育局可以请专业的教师或者区/县小学英语教研员，组织教师进行英语专业知识的培训，或者提供学习的书籍或资料供教师自学，并将专业学习的成果纳入教师考核。

（二）英语语音教学方面的培训

对于刚毕业的英语教师和其他行业转行来的英语教师，他们的教学经验尚浅，所以各级各类的英语教育教学部门应该引起重视，校长作为教师专业发展的第一负责人，应该规划好如何提高教师的教学能力。因此，还应加强这部分教师在语音教学方面的培训。有很多学校开展了老教师带新教师的"青蓝结对"项目，这就旨在帮助新教师的成长。当然各级的英语教研员，作为英语语音教学方面的专家，也有责任提高该区域内小学英语教师在英语语音教学方面的能力，而且这些身为专家的教研员能提供的指导和培训都是非常专业和前沿的。例如，成都市成华区的教研活动是很多的，该区的教研员也是非常重视语音教学的，所以还专门成立的一个小组来研究语音教学，并由该中心组的成员给其他教师进行培训。笔者认为，为了提高小学英语教学的水平，该区这样的做法应该得到推广，专业的人做专业的事，应该让更多的英语教师都得到专业的培训。

（三）小学英语语音教学中信息技术方面的培训

目前，将信息技术应用在小学英语语音教学中的培训是很少的，为了提高教师在小学语音教学中使用信息技术的能力，应该加强相关信息技术的培训，只有熟悉这些信息技术的功能，并熟练地运用，才能使更多的小学英语教师将信息技术合理地运用在语音教学中，以此达到信息技术促进学生英语素养发展的目的，提高学生的文化素养，成为国际化的中国人。

二、优化小学英语信息化教学资源

从很大程度上来说，想要提升教师信息化教学能力，其前提条件是优质的信息化教学资源，而优质的信息化教学资源的建设必须硬件和软件两手抓。

(一) 加强硬件方面的建设

整体而言，各地区的学校均有必要加强硬件资源建设。一方面，学校要及时有效地维护现有的硬件信息教学资源，不论领导、教师还是学生，人人都有责任爱护学校的硬件资源，如发现有损坏，应及时上报维修。另外，还需要引进一些先进而且确实有用的硬件信息资源，比如平板、耳机、语音实验室、通畅的网络建设等，这些资源的引进就需要学校依据自身经济条件量力而行，也可以借助政府或者社会力量。总而言之，就是学校既要重视现有硬件资源的建设和维护，又要重视引进一些必要的先进的硬件资源。

(二) 优化软件方面的建设

我们知道，只有硬件而没有软件的设备就如没有灵魂和思想的躯壳，从这个角度看，软件资源的建设同样需要重视。而要实现软件资源的建设优化，可以从以下几个方面进行建设。首先，政府或者有实力的学校可以组织一些队伍，根据实际情况有针对性地自主研发一些优质的教育软件资源，值得注意的是，这类队伍要由教育专家、技术人员、一线优秀教师等成员组成。另外，还可以从一些教育软件公司购买优质的教育软件资源。此外，对于优质的课件资源方面，可以组织教师分工搜索或者合作研发，然后建立学校的或者区/县的语音教学资源库。当然，对于优化软件资源的建设，方式远远不止这些，上述所提及的方式仅仅是提供参考。

三、减轻小学英语教师负担

教师负担重的问题，在本书中被多次提及。要使教师集中精力钻研教学，减轻教师的负担是一个切实有效的措施。笔者认为，至少可以从配备足够的师资和优化及时评价机制等两个方面来给教师减负。

(一) 配备足够的师资

教师们的教学任务是很重的，比如成都市某小学，一位英语教师居然跨三个年级进行教学，这就意味着备课任务重、批改作业量大，另外这位教师还担任一个班的副班工作，这样下来，教师难免精疲力竭，也就没有剩余的精力来提升自我。如果教师资源是充足的，那么一名教师可以只跨两个年级甚至只专心教一个年级，这样的教学效果肯定是更好的。另外，专业的人做专业的事，如果英语教师担任了几个班的教学工作，那么行政方面的工作是不是就可以不分配给这些教师呢？这也是给教师减负的一个有效措施。总而言之，充足的师资是给教师减负的有效的切实可行的措施。

（二）加强教师评比机制的优化

笔者通过调查了解到，一线的教师除了繁重的教学任务外，还会参加各种培训和比赛，迎接各级各类的检查，参加各种各样的会议，填写各种各样的资料表格，上交手写版的教学设计等，而且大多是要求教师在短时间内就要完成这些形式主义上的事务。要想给教师减负，使其专心于教学，相关部门就需要精简各项事务，简政放权，取消不必要的或者形式上的检查事务。

本章小结

英语作为国际通用语言，英语教师要教好英语就应该从基础抓起，所谓"万丈高楼平地起"，语音教学是英语教学的基础，它贯穿了英语学习的始终，教师在进行语音教学时，不能只注重英语语音知识本身，要更加注重语音知识的语用功能，将语音项目融入听、说、读、写的教学活动中。在当今这个信息技术高速发展的时期，教师应提高自己的信息技术素养和运用能力，充分利用信息技术为我们的教学服务。虽然将信息技术应用在英语教学中已经有了一定的研究，但针对小学英语语音教学中使用信息技术的研究还比较缺乏，小学作为英语语音学习的起始阶段，这方面的研究也应该是教师重视的课题。

在小学英语语音课堂教学工作开展的过程之中，如果教师不能够恰当合理地使用信息技术，那么整个课堂教学工作依然无法得到改善，效果也不能够得以提升。所以，教师应深入思考如何利用人机交互的形式，使学生在玩乐中培养听说读写各方面的能力，切勿把信息技术仅当成教学的工具，这也无法实现教学意义上的整合。

另外，教师还需要考虑到信息技术是一把双刃剑，其涵盖的范围非常广，恰当合理地运用信息技术对于学生英语学习有帮助，但是若使用不当，不进行合理的设计运用，信息技术会对学生的语音学习产生一定的不良影响。因此，教师在引导学生使用信息技术进行自主学习的时候，也需要帮助学生学会规避不良信息的干扰，从而提高学习效果。除此之外，教师需要意识到不能够一味地追求课堂上听觉和视觉方面的热闹，更应该需要挖掘文本知识内容，把信息技术与教学内容进行整合，注重语音知识的语用功能，与英语其他方面内容的教学融合成整体，这样才能够将语音教学赋予更完整的意义，打造出高质量的课堂环境，提高课堂效率，激活学生的学习思维，提升学生的学习能力。通过研究和分析能够看出，在小学英语语音课堂教学中，想要合理地与信息技术相互整合，一线教师首先要提升科学合理地进行语音教学的意识，意识到语音教学的教学地位，意识到语音教学与其他英语方面的教学甚至其他学科的教学，乃至学生科学全面发展中的地位。另外，一线教师还需要提高自身的教学水平，了解小学生在语音学习中的学习特点，借助信息技术的特有优势，以此保证小学英语课堂能够全方位、多角度地优化和完善，这样才能真正达到提高课堂效率、提升学生学力、促进学生发展的最终目的。

第九章 信息技术环境下小学英语 整合模式案例研究

一、信息技术环境下小学英语整合模式优秀视频案例

（一）课堂教学分析评价方法概述

1. 基于信息技术的互动分析编码系统概述

（1）弗兰德斯互动分析系统。

弗兰德斯是美国明尼苏达大学的学者，他在1970年提出了一种比较典型的课堂教学行为分析技术——弗兰德斯互动分析系统，是对课堂中教师与学生的语言互动过程进行记录和分析，帮助教师全面而准确地了解课堂中教师和学生的交互过程和影响。用于描述课堂互动行为的编码系统，即弗兰德斯互动行为编码系统为弗兰德斯互动分析系统的基础，该编码系统将课堂中的语言互动行为分为三类共十种情况，并且赋予了相关的说明。

根据弗兰德斯互动分析法对记录编码的规定标准的要求，在进行课堂教学行为观察时，观察者将采用时间抽样法，也就是3秒的时间间隔，进行取样。对于一节40分钟的课堂，会有800~1000个编码，每个编码都有系统所赋予的含义。将获得的数据填入矩阵表中，并对其进行数据分析，从而体现出课堂的教学结构和教师的教学风格。

由于师生的语言行为在实际的课堂教学中常常是很复杂的，因此，研究者在观察教学过程时，对师生语言的行为类别很难作出判断。为了解决这一问题，弗兰德斯制定了以下观察原则：① 当不能确定某一语言行为究竟属于两个或多个类别中的哪一类时，选择远离5的类别，但不能选择类别10；② 如

149

果在3秒时间内出现多种语言行为时，把它们都记录下来；③ 当教师叫某一名学生的名字时，属于类别4；④ 当教师重复学生的正确回答时，属于类别2；⑤ 教师不是以嘲笑的态度和学生开玩笑，属于类别2，如果是讽刺、挖苦学生，属于类别7；⑥ 如果观察者不能确定某一语言行为具体归属哪一类别时，就归属第10类。

通常，我们会将获得的数据再进行分析，常用的分析方法有矩阵分析法、比率分析法和曲线分析法。矩阵分析法是根据观察记录的矩阵信息表，获得关于积极整合格和缺陷格相关信息的一种方法。这种分析方法能够反映出课堂中师生之间的情感表现，其中积极整合格表示的是师生之间情感融洽，课堂氛围良好；缺陷格表示的是师生之间交流不畅，存在隔阂。运用比率分析法能够反映出一节课的基本结构和教师倾向，常用的比率分析有教师语言比率、学生语言比率、课堂沉寂率、真实沉寂率、教师的间接影响与直接影响比率和教师的积极影响和消极影响比率。曲线分析法是将获得的数据通过相关的软件，形成曲线图并进行分析。

（2）基于信息技术的互动分析编码系统。

弗兰德斯互动分析系统是一种非常专业的课堂分析评价方法，但是对于我国的基于信息技术的课堂教学仍存在一些不足之处：①重视教师在课堂教学中的行为表现（有7个类别），忽视学生在课堂教学中的行为表现（有2个类别），我们无法真实地了解到课堂中学生的学习行为；②信息技术作为课堂教学中一个不可忽视的要素，在教学过程中与教师和学生都会产生丰富的交互活动，但是弗兰德斯互动分析系统里无法反映出这一类的互动；③课堂中出现的"沉寂"表达的情形是较复杂的，含义也是有所不同的，但是把它们归为一类就会无法区分真实的情形。

实际上，在新课程理念指导下，课堂中学生的行为表现是非常丰富的，但是通过弗兰德斯互动分析系统却不能很好地表现出来，而由华东师范大学的顾小清和王炜提出的在弗兰德斯互动分析系统基础之上改进而形成的分析系统，被称为基于信息技术的互动分析编码系统，弥补了弗兰德斯互动分析系统的不足。

基于信息技术的互动分析编码系统对弗兰德斯互动分析系统做了以下几点改进。① 将弗兰德斯互动分析系统中教师语言中的编码4"提问"进一步细分，即提问开放性的问题和提问封闭性的问题。这样，可以看出教师是在培养学生的基本能力还是基于分析、评价的高级能力。② 学生语言也从两种转变为四种，具体为是被动反应、主动提问、主动思考、同伴讨论。这样的变化，使学生在课堂上受到了更多的关注，突出了学生在课堂中的主体地位。③ ITIAS增加了"技术"这一类别。在新课程理念指导下，信息技术已经走进了广大中小学的课堂，分析技术在课堂中的应用是必不可少的。这里将技术分为教师操纵技术、学生操纵技术和技术作用学生三种类别。④ ITIAS将"沉寂"这一类别细分为三种，即编码13——无助于教学的混乱、编码14——思考问题和编码15——做练习。这样细分之后，可以帮助观察者计算出课堂的真实沉寂情况。

2. S-T分析法

Student-Teacher分析法，简称为S-T分析法，是另一种常用的课堂教学行为分析方法，这种分析方法主要是对教学过程的定量分析。在S-T分析法中，只有教师行为即T行为和学生行为即S行为两大类，详见表9-1。

表9-1 行为类型定义

类别	定义	描述	
T行为	教师视觉、听觉的信息传递行为	视觉	教师的板书、演示的行为
		听觉	教师的讲话行为
S行为	T行为以外的所有行为	在T行为没有产生的情况下，也会有S行为	

通过观察视频资料或实际教学过程，按照采样频率和行为类别，分别记入T行为和S行为。根据获得的数据，计算出教师行为占有率Rt和行为转换率Ch，并根据教学模式的标准条件来确定其教学模式。S-T分析法操作简便，最终将教学结果用图形来表示，可以更形象、直观地研究教学过程。

S-T分析法的实施步骤如下：

（1）获取数据。

在获取数据时，一般以30秒作为采样频率。有时为了提高数据的精确度，以10秒或3秒作为采样频率。随着采样频率的缩短，获取数据量也会加大。

（2）绘制S-T图。

具体做法为：纵轴为S，横轴为T，各轴的长度一般设为40分钟（一课时），每2分钟标上相应的数字，教学的起点为原点，S行为、T行为分别根据时间的长、短，在纵轴为S、横轴为T上引线。绘制出的S-T图能够将课堂上师生行为的变化情况清楚地表现出来。

（3）计算Rt值和Ch值。

① Rt值。计算公式为Rt = NT/N，其中，N指的是教学过程中行为采样的总数，NT指的是教师行为采样数，那么二者的比率就是教师行为占有率，即Rt。根据公式我们不难看出，Rt的值在0和1之间，并且NT值越高，则Rt值就越高，说明课堂中教师行为较多。同理，还可以计算出学生行为占有率。

② Ch值。计算公式为：Ch = (g-1)/N，其中，g表示数据中相同行为连续的次数，Ch表示行为转换率，即教师行为与学生行为间的转换次数与行为采样总数的比率。根据公式我们可以看出Ch的值在0和1之间，并且Ch值越高，则表示课堂上教师与学生的互动越多。

（4）课堂教学模式分析。

S-T分析法给出了四种教学模式的标准条件，详见表9-2，将获得的Rt值和Ch值，根据提供的标准条件来确定课堂的教学模式。

表9-2 教学模式及其标准条件

教学模式	标准条件
练习型	Rt≤0.3
讲授型	Rt≥0.7
对话型	Ch≥0.4
混合型	0.3 < Rt < 0.7，Ch < 0.4

（二）课堂教学行为分析——以 *My family* 为例

1. 基于信息技术的互动分析法

以上教版英语（三年级起点）三年级上册Unit 5 *My family* 一课为例，采用基于信息技术的互动分析法对其课堂教学过程进行分析，过程如下。

以每3秒的时间间隔进行取样，对课堂师生行为活动按照前面介绍的编码系统进行编码。

（1）数据采样。

按照基于信息技术的互动分析采集到的编码，将得到的编码形成一个矩阵信息表。

（2）比率分析——课堂结构。

① 教师语言比率等于1~8列次数与总次数的比值；

经计算得出，教师语言比率是25.6%。

② 学生语言比率等于9~12列次数与总次数的比值；

经计算得出，学生语言比率是33.7%。

③ 课堂沉寂率等于13~15列次数与总次数的比值；

经计算得出，课堂沉寂率是10.8%。

④ 技术使用比率等于16~18列次数与总次数的比值；

经计算得出，技术使用比率是29.9%。

具体见表9-3所示。

表9-3　课堂结构比率表

变量	比率
教师语言比率	25.6%
学生语言比率	33.7%
课堂沉寂率	10.8%
技术使用比率	29.9%

从表9-3可以看出：

教师语言比率不到1/3，而学生语言比率则超过了1/3，可以看出这节课学生积极地参与其中，是一个开放的课堂，而不是教师一味地讲解和灌输的课堂，反映了课堂中学生的积极行为。

基于信息技术的互动分析系统将课堂沉寂细分为无助于教学的混乱、思考问题和学生做练习。在本节课的课堂结构中，课堂沉寂率为10.8%，经计算得知，无助于教学的混乱比率为3%，可见本节课课堂的无效语言较少，是一节利用率较高的课堂，而且课堂气氛比较融洽。

技术使用比率在弗兰德斯互动分析系统中是不存在的，而通过技术使用比率可以看出该课堂教学中信息技术使用的比重。

（3）比率分析——教师倾向

① 间接影响与直接影响比例等于71.4%；

② 积极影响与消极影响比例等于111.1%。

我们可以看到，在本节课中教师的间接影响与直接影响比率小于1，这表明教师倾向于对学生施加直接影响、对学生的学习加以直接的指导。而从本节课教师的积极影响与消极影响来看，积极影响与消极影响的比率大于1，这说明教师对学生说的话以接纳、鼓励为主，用积极的态度来对待学生的反应，使整个课堂的气氛比较宽松、融洽，进而极大地调动起学生的课堂参与积极性和学习主动性。

2. S-T分析法

仍然以 *My Family* 一课为例，进行S-T分析，以3秒为时间间隔进行采样。

计算Rt值和Ch值：Rt和Ch是S-T分析法中两个重要的参数。

（1）Rt值。Rt值为NT和N的比值。经统计，教学过程中行为采样总数N=822，教师行为采样数NT = 326，那么Rt = 0.40。

（2）Ch值。该值表示行为转换率，即教师行为与学生行为间的次数与行为采样总数的比率。Ch = (g − 1)/N，经统计g = 479，那么Ch = 0.58。

（三）视频课例分析研究

1. 视频课例分析研究概述

选取的课堂教学视频课例共30个，可用课例26个，均属于优秀课例。这些教学课例都是围绕小学英语新课程改革的要求，在《义务教育英语课程标准（2022年版）》的指引下，将信息技术应用到教学过程中，并把信息技术作为辅助教学的手段融合在小学英语的课堂教学过程中，旨在激发和培养小学生学习英语的兴趣，使学生掌握一定的综合语言运用能力，并培养学生的创新精神和实践能力，为他们的终身学习和合作学习打下良好的基础，从而使教学达到理想的效果，因此，具有质量保证和研究价值。

2. 对信息技术与小学英语低年级课程整合视频课例分析

我国大部分小学从三年级起开设英语，因此，在本书中低年级指的是三年级和四年级，高年级指的是五年级和六年级。

在信息技术与小学英语低年级课程整合的优秀视频课例中，教学环境主要是多媒体教室和网络教室两种。通过对课例进行的S-T分析，我们发现这些优秀课例的教学模式均属于混合型，其教师行为占有率0.3 < Rt < 0.7，课堂转换率Ch < 0.4。在互动分析编码系统分析中，将课堂沉寂率细分为无助于教学的混乱，思考问题和做练习，互动分析编码系统分析中的真实沉寂指的就是无助于教学的混乱，即在课堂中出现的暂时停顿、短时间的安静或混乱，师生之间没有明确的沟通。我们发现，14个优秀的教学课例的真实沉寂率都很低，可

见教师对课堂上的有效教学时间的利用率很高，课堂气氛融洽。

在信息技术与小学英语低年级课程整合的课堂上，教师语言比率没有很高，学生语言比率也没有很低，但大多数课堂上的教师语言比率高于学生语言比率，其中4个课例的学生语言比率高于教师语言比率。在技术使用比率上，我们可以看出，14个教学课例中技术使用比率的差距较大，最大的技术使用比率将近 50%，而最小的技术使用比率为10%左右，为何在优秀的视频课例中会出现如此大的差距呢？技术使用比率分别为20%，20%，15%，16%，11%，18%和10%的课堂环境是处于多媒体教室中，而技术使用比率分别为30%，34%，40%，35%，45%，34%和30%的课堂环境则处于网络教室中。可见，多媒体教室中教学课例的技术使用比率全部低于网络教室中教学课例的技术使用比率。另外，从间接与直接比率来看，14个教学课例均小于100%，说明教师倾向于对学生施加直接的影响，对学生的学习加以直接的指导。从积极与消极比率上来看，14个教学课例均大于100%，说明在课堂上教师对学生的回答以赞扬和鼓励为主，用积极的态度对待和影响学生，从而提高学生在课堂上的参与积极性，使课堂氛围融洽，最终达到教学的最优化。

3. 信息技术与小学英语高年级课程整合视频课例分析

在信息技术与小学英语高年级课程整合的优秀视频课例中，教学环境主要是多媒体教室和网络教室两种。通过对课例进行的S-T分析，我们发现这些优秀课例的教学模式大多数属于混合型，其教师行为占有率$0.3 < Rt < 0.7$，课堂转换率$Ch < 0.4$；只有3个优秀课例的教学模式是练习型，其教师行为占有率在0.3以下，课堂转换率在0.4以下。在互动分析编码系统分析中，将课堂沉寂率细分为无助于教学的混乱、思考问题和做练习，那么上表中互动分析编码系统分析中的真实沉寂指的就是无助于教学的混乱，即在课堂中出现的暂时停顿、短时间的安静或混乱、师生之间没有明确的沟通。我们发现，12 个优秀的教学课例的真实沉寂率都很低，可见教师对课堂上的有效教学时间的利用率很高，课堂气氛融洽。

在信息技术与小学英语高年级课程整合的课堂上，教师语言比率没有很高，学生语言比率也没有很低，但绝大多数课堂上的教师语言比率低于学生语言比率，只有课例5和课例10中的教师语言比率和学生语言比率相差不多，这说明在课堂上教师倡导以学生为主，充分发挥学生学习的主动性和积极性。在技术使用比率上，我们可以看出，12 个教学课例中技术使用比率的差距很大，最大的技术使用比率将近 60%，而最小的技术使用比率为20%左右，技术使用比率分别为 58%，60%，54%，18%，27%和27%的课堂环境是处于多媒体教室中，而技术使用比率分别为38%，40%，40%，37%，40%和35%的课堂环境则处于网络教室中。与低年级不同的是，技术使用比率高的课例是在教学环境为多媒体的课堂中，而并非网络教室，然而，我们再仔细观察发现，技术使用比率高的课例均属于练习型的课堂，可见，除了教学环境对技术使用比率有一定的影响之外，教学模式对技术使用比率也有一定的影响。另外，从间接与直接比率来看，12个教学课例均大于100%，说明教师倾向于对学生施加间接的影响，对学生的学习采用间接引导，而非直接告知。从积极与消极比率上来看，12个教学课例均大于100%，说明在课堂上教师用积极的态度对待学生，赞扬学生，鼓励学生积极参与课堂活动，师生关系融洽，最终促进教学达到最优化。

4. 信息技术与小学英语课程整合的差异分析

（1）信息技术与小学英语课程整合在学段上的差异分析。

① 课堂结构差异。

低年级和高年级在教师语言比率上的差异较大，而二者在学生语言比率上的差异并不大。从低年级来讲，教师语言比率和学生语言比率差距不大，教师和学生之间的语言程度相当；而高年级在教师语言比率和学生语言比率上表现出了明显的差距，这是与低年级所不同的。低年级和高年级表现出的另一个差距最大的是技术使用比率，高年级的技术使用比率明显高于低年级的技术使用比率。在真实沉寂率（课堂中出现的暂时停顿、短时间的安静或混乱、教师和学生之间无明确的沟通）的数据统计上，低年级和高年级情况相当，而且都很低，说明无论是低年级还是高年级，它们的课堂气氛都很融洽，是一个课堂利用率较高的教学过程。

② 不同环境下的课堂结构差异。

在多媒体环境下，低年级和高年级是存在一定差异的。在教师语言比率上，高年级低于低年级；在学生语言比率上，高年级仍然低于低年级；在技术使用比率上，高年级高于低年级很多，二者的差距很大；在真实沉寂率上，高年级和低年级相当。

在网络环境下，低年级和高年级在教师语言比率和学生语言比率上表现出了明显的差异。在教师语言比率上，高年级低于低年级；在学生语言比率上，高年级高于低年级。而在技术使用比率上，低年级和高年级并没有表现出明显的差异，并且二者在数值上均超过了35%，技术使用比率表现突出。同样，二者在真实沉寂率上相差无几，表现水平相当。

③ 教师倾向差异。

在课堂上，教师语言分为间接影响和直接影响。教师的间接影响和直接影响的比率和积极影响和消极影响比率反映了教师的教学风格、倾向。低年级和高年级在间接影响与直接影响比率上表现出了明显的差异，其值低年级没有超过1，将近80%，而高年级则远大于1；在积极影响与消极影响比率上，低年级和高年级均大于1，并且二者差异不大。

（2）信息技术与小学英语课程整合在教学环境上的差异分析。

① 课堂结构差异。

低年级在网络教室和多媒体教室环境中表现差异最大的是技术使用比率，在网络教室中的技术使用比率要远远高于在多媒体教室中的技术使用比率。在教师语言比率上，教学环境为网络教室的低于多媒体教室，但二者差异不大；在学生语言比率上，教学环境是网络教室的仍然低于多媒体教室，二者有一定的差异；网络教室和多媒体教室在真实沉寂率上水平相当，相差无几。

高年级在网络教室和多媒体教室并没有表现出明显的差异。网络教室在教师语言比率和学生语言比率上略高于多媒体教室。但与低年级不同的是，高年级教学环境是网络教室的技术使用比率低于教学环境是多媒体教室的技术使用比率。在真实沉寂率上，网络教室和多媒体教室的数值相同，均为2%。

② 教师倾向差异。

课堂上的教师语言分为间接影响和直接影响。教师的间接影响和直接影响的比率和积极影响和消极影响比率反映了教师的教学风格、倾向。低年级的教学环境是网络教室和多媒体教室在间接影响与直接影响比率和积极影响与消极影响比率上并无明显差异，表现水平相当。

高年级的教学环境是网络教室和多媒体教室的在间接影响与直接影响比率和积极影响与消极影响比率上仍然差异不大，表现水平相当。

（3）研究结论。

通过对上述优秀视频课例的观察和分析，信息技术与小学英语课程整合的优秀课例在学段和教学环境上表现出了一定的差异。通过对视频的观察，小学英语教学课堂的教学环境只有两种，即多媒体教室和网络教室。在对这些优秀的课例进行S-T分析后发现，其教学模式基本上都是混合型，只有极少数属于练习型，出现在信息技术与小学英语课程整合高年级的教学课堂上。通过对这些优秀课例进行的 ITIAS 分析获得的课堂结构比率的数据显示，其课堂真实沉寂率都很低，是一个利用率很高的课堂。其教师语言比率平均在35%左右，并不很高，学生语言比率平均值将近35%，并不低，二者的平均值基本相同，师生之间的语言程度相当。再结合笔者观察的视频，是一个倡导以学生为中心，鼓励学生与教师之间、与同伴之间多说英语，多练英语的课堂，这一方面，高年级学段的课堂表现得更为明显。网络环境下的信息技术与小学英语课程整合的视频课例的技术使用比率高于多媒体环境下的技术使用比率。在教师倾向方面，低年级学段的教师更倾向于对学生产生直接的影响，而高年级学段的教师则更倾向于对学生施加间接的影响。但无论是低年级学段的教师还是高年级学段的教师都倡导用积极、鼓励的态度来对待学生，使课堂气氛更加融洽、和谐。

另外，通过对这些优秀视频课例的观察，可以发现信息技术与小学英语课程整合的课堂具备以下几个特点。

① 注重学生的语言交流。

根据《义务教育英语课程标准（2022年版）》在二级语音知识内容要求中提出"在口头表达中做到语音基本准确，语调自然、流畅"，说明课堂上侧重培养学生的口语交流能力，体现出英语教学的交际性、得体性、准确性和实践性。正是在这一要求的指导下，课堂上以学生的语言交流为中心，借助多媒体网络提供的多种资源，使学生在具有丰富语境和真实情境的课堂中培养听说能力和综合语言运用能力。

以人教版英语（一年级起点）五年级上册 Unit 3 *Animals* 一课为例，教师在上课的过程中不断向学生抛出问题，引导学生思考，鼓励学生与教师进行对话、交流。除此之外，教师安排诸如"相互猜谜""描述动物之王"等教学活动，让学生分组协作，互动交流。另外在课堂巩固操练部分，教师让学生到讲台上去口头描述"我最喜爱的动物"，训练学生的口语表达能力。从这个课堂中我们可以看出，学生的英语交流方式是多种多样的，包括教师引导的师生交流、小组间生生交流和自我表述，完全突破了以往英语教学中只注重读写，而忽略听说的哑巴英语教学现状。

② 注重教学资源的使用——优质而丰富。

上述优秀视频课例中引用的教学资源有种类多样的多媒体课件、网络资源等。这些教学资源所提供的图、文、声并茂的语言材料能够弥补英语学习语言环境的不足。通过规范的读音、鲜明的图像来刺激学生的听觉和视觉，利用教学资源来创设良好的学习情境，激发学生的学习兴趣，进而提高学生的学习效果。

以 *My Family* 一课为例，教师使用的教学资源有"finger family 歌谣"来活跃教学气氛，激发学生的学习兴趣；"学生自制的手工画"来创设情境，让学生利用手工画在交流中掌握本节课学习的句型和词汇；This is my family. 多媒体动画和一些网络资源引导学生进一步灵活、综合地运用所学语言。这些教学资源有着共同的特点：①具有思想性、知识性和趣味性；②在图、文并茂的前提下，有着标准、规范、清晰的英语配音；③在拓展阅读资源中有的语篇包括种类多样的情景对话、幽默笑话、歌谣和传说等，并且内容逻辑性和情节性都比较强。教学资源在课堂上有着很重要的作用，我们在选择和运用上要注意以下几个方面：第一，在资源的选择上，要以能够支持师生交流、生生交流为主；第二，在注重发展学生语言交流能力的同时，还要注重对学生思维能力的培养；第三，无论是对资源的选择还是在教学中的运用，要注意其示范性和迁移性。

③注重师生、生生互动，突出学生的主体地位。

在这些信息技术与小学英语课程整合的课堂上，教师能够激发出学生学习的积极性，并促进学生动口、动脑且积极参与课堂学习。在课堂上，教师给予了学生足够的时间来进行英语交流和练习，而且不仅一次让学生之间来做练习。在教学中，教师通过多种多样的教学活动来活跃学生的逻辑性和创造性思维，开展师生交流、生生交流的互动活动。例如在上述课例中，教师在课堂中开展小组交流、角色扮演、看图说话和师生问答等活动，使学生获得更多表达和交流的机会，提高自身的语言综合运用能力。此外，教师还会关注到不同学段的学生对信息技术使用能力的差异，在学生实际水平的基础上进行教学设计，充分体现了学生的主体地位，进而实现教学的最优化，达到整合的目的，避免了学生在英语学习过程中应用信息技术时会遇到困难，产生抵制情绪而厌倦对英语的学习。

（四）信息技术与小学英语课程整合展望

信息技术的到来，使我们的生活发生了很大的变化，尤其是对于教育，发生了翻天覆地的改变。它改变了传统教育观念、传统教育模式，改变了教师的教学方式、学生的学习方式，使师生角色发生了很大的转变。我国的教育要通过教育信息化的方式使其走向现代化，而信息技术与课程整合就是教育信息化的核心，那么实施信息技术与小学英语课程整合就是一个正确的途径，以提高学生的综合语言运用能力。然而在整合的过程中主要存在着以下几个问题。

（1）过分依赖信息技术。在英语教学课堂上，许多教师为了体现教学手段的现代化，突出信息技术在英语课堂中的使用，过分依赖信息技术，将信息技术辅助教学变为信息技术主导教学。而学生在这样的课堂上，对语言素材的获取量有限，学生的无意注意过多，致使学生在课堂上的语言练习机会大大减少，同时也弱化了教师在课堂教学中的主导作用。

（2）使用的课件质量一般。由于许多教师对信息技术与小学英语课程的整合没有完全掌握，教师使用的多媒体课件多数质量一般，并没有达到预期的效果。课件的制作不仅需要熟练的技术手段，最重要的是要掌握教育的本质，掌握学科教学的目的，掌握课程整合的实质和意义。

（3）教学课堂管理不当。在信息技术支持的小学英语课堂上，教师缺乏合理的教学策略和实施经验，对教学活动不能进行有效地引导，致使学生涣散，不知所措，进而导致课堂有效的学习时间流逝，教学效果下降，并没有发挥整合的优势。

在小学英语课堂的教学中，教师如何应用信息技术，让它更好地为教学服务，避免上述问题的发生，对教师的综合素质提出了更高的要求。

（1）以先进教育理论为指导，正确理解"整合"的本质。信息技术与课程整合的本质是改变"以教师为中心"的教学结构，创建既发挥教师主导作用又充分体现学生主体地位的教学结构，即"主导-主体相结合的教学结构"。只有改革教学结构，才能引发教育思想、教学理论和学习理论的深层次改革。而一些教师往往在小学英语的课堂上只注重改革教学内容、手段和方法，却忽视了信息技术与课程整合的本质——教学结构的改革。

（2）结合英语学科的特点，注重教学过程的设计。教师根据自身的特点和每节课的实际情况出发，结合英语课程的特点，以内容为基础，把教学目标作为根本出发点，选择适合自己的教学方法，并设计合理的教学活动，去调动学生学习英语的积极性，让学生拥有更多的语言交流机会。

（3）英语教师要注重提高自身的信息素养。信息素养对任何一位小学英语教师来说都是非常重要的，所以在平时，教师要注重自身信息技术知识的积累和信息技术能力的提高。只有教师的信息素养提高了，才能将教学内容和信息技术更好地结合起来，做到有效整合，从而提高教学质量，优化教学过程，达到整合的目的。

信息技术与小学英语课程整合不是零敲碎打的行为，而是应该进行系统性的思考与规划，要有明确的目标，形成一套全面的、切实可行的解决方案，才能使小学英语课程整合有效进行和持久发展。在一线教师和英语学科专家的共同努力和研究下，小学英语课程与信息技术整合之路会越走越好。笔者也期望通过对这些优秀的信息技术与小学英语课程整合的视频课例的分析研究，能够为现在的小学英语教学提供借鉴和思考。

二、信息技术环境下小学英语整合模式交际性案例

（一）教学设计理念

本案例为人教版英语（一年级起点）六年级上册Unit 1 *How can I get there*？。本单元的教学重点是能够通过方位方向的学习来描述场所的位置，如：Where is the cinema, please? How can I get to the cinema? 以及单词和词组：hospital, bookstore, post office, cinema, science museum, turn left, turn right, go straight 等。教学难点是能够让学生掌握本单元的"四会"单词及句子，引导学生能用所学的语句描述场所、景物和方位，并学会看地图，能根据地图上的指示找到相应的地点。

本单元教学可分为六课时进行。前五课时为正常教学阶段，通过这五课时的学习，要求学生掌握方位介词near, next to, behind 等；地点名词hospital, cinema, post office, bookstore, science museum 等；短语turn left, turn right, go straight 等；句型Where is the ..., please? It's near/next to/far from the ... , How can I get to the ...? Go straight and turn left/right at ... It's on the left/right.

等。能够完成课本中规定的听说读写任务。

本次教学设计是为本单元第六课时——听说活动课而进行的设计，需要前五课时的知识为基础。此次"问题解决式"教学中的"口语问题"可在前五课时教学结束后布置，由学生以小组为单位，借助信息技术手段在课后解决，并在听说课堂上依据教师提供的情境加以展示；"听力问题"可在视听材料给出前提出，要求学生在视听材料呈现结束后加以回答。从而提高学生的听说能力和综合语言运用能力，增强学生学习英语听说的兴趣。

（二）教学目标分析

1. 知识目标

（1）能够结合前五课时的学习，熟练掌握基础词汇，灵活使用基本句型。

（2）能够根据教师提出的问题，在语言情境下，以小组为单位，借助信息技术手段，完成问题解决过程。在此过程中，通过自主学习，熟练运用已学词汇、句型，并能够根据需要，自行拓展词汇、表达方式，运用多种句型等，从而在实践中综合运用新知、旧知和拓展知识，实现语言的综合运用。

（3）在语言环境中巩固有关日常生活的表达语，能够流利表达。

2. 能力目标

（1）通过创编一段条理清楚、内容丰富的对话、情景剧等，培养创新思维能力和语言综合运用能力，实现语言与思维能力的共同发展。

（2）培养灵活运用所学句型询问及介绍与本主题相关的基本情况的口语交际能力。

（3）通过运用网络拓展课程资源，培养和提高运用现代信息技术辅助学习的意识和能力。

（4）培养自主学习和合作学习的能力。

（5）培养阅读地图的能力以及描述能力。

3. 情感目标

（1）通过自主搜集、学习网络资源，养成独立思考、自主学习的学习习惯。

（2）通过对话和小组活动，培养合作意识和协作精神。

（3）把语言训练融入各种情景之中，学生通过体验、参与活动，从而体验成功，培养听说英语的信心，感受学习英语、运用英语的乐趣。

（4）通过自编对话等活动，培养创新意识和能力。

（5）通过指路等情景活动，培养助人为乐的精神。

（三）学习者特征分析

1. 学习者一般特征

本节课的教学对象是小学六年级学生，英语学习兴趣浓厚，喜欢信息技术环境下的听说读写的学习形式。其认知和自我发展水平、逻辑思维、辩证思维、自我意识、自我调控能力也很强。

2. 学习者初始能力

在语言知识方面，由于学习者处于小学高年级，积累了一定的英语词汇、习语、日常交际用语及语法、句型等知识。

（四）教学资源准备

本课时所需的教学资源包括：展示情境用多媒体材料、视听材料、网络教室。

（五）教学策略设计

（1）借助虚拟情境提出问题，由学生以小组为单位，通过自编对话、情景剧等形式来完成。对于其中用到的新词汇、句型等知识，启发学生借助信息技术手段自行解决。

（2）对于学生给出的问题的解决结果，在鼓励学生自评的基础上，要给予适时的评价。完成出色的地方要予以表扬鼓励，错误的地方要及时订正。

（3）以多媒体方式呈现视听材料，播放之前提出问题，让学生带着问题听，再以回答问题、复述所听内容等形式进一步锻炼听说能力。

（4）教师可为学生提供一些优秀的网络资源和工具，方便学生课下使用，巩固知识，增加兴趣，提高语言应用能力。

（六）教学过程

1. 课前

设计意图：为上课做准备，同时培养学生自主查阅资料、自主获取信息能力和自主解决问题能力。

教师活动：上课前一周布置学习任务问题：结合本单元所学的场所、方位等词语和表达方式，运用已经积累的单词、短语、习语、句型等知识，以小组为单位，来完成一组对话或一小段情景剧。对话或情景剧的内容围绕介绍一座城市及城市中的一处景观、建筑、名胜等展开。城市及景观等均可任选。情景可以是导游与游客之间的对话、记者与当地民众之间的对话、外地游客向当地民众问路等，可自行编排。小组的组建可在教师的监督下自行进行，但需保证每名学生均有所属的小组。对话的难度和长短由学生把握。

学生活动：学生利用课后时间，以小组为单位，确定对话或情景剧发生的情境及内容梗概。在信息技术环境支持下，搜索所需的陌生的英语相关知识，以及人文地理知识，并将其内化入自己的知识体系中，熟练掌握。为了课堂上的发挥和展示，每组自行准备与对话相关的图片、视频、地图等材料。

教学预见：问题贴近学生生活，学习方式新颖，内容也是学生感兴趣的，学生会乐于参与，积极准备，不断充实完善小组的解决方案，并不断操练。在此过程中，不仅内化了本单元应掌握的知识点，也扩充了语言知识，丰富了知识面。

2. 课上

（1）预热解读。

设计意图：回忆、复习本单元已学过的名词：hospital，cinema，post office bookstore，science museum 等。

教师活动：利用多媒体教室中的计算机展示"哈利·波特"及其"魔法学校"的图片或视频材料，并要求学生跟随教师的指点，说出各个场所的名称。再一次呈现图片或视频材料，并让学生带着问题来观看，即注意每一处场所的地理位置。材料呈现结束后，让学生回答，"Where is the …? It is …"

学生活动：观看，回忆，回答。

教学预见：采用贴近学生生活的内容，会激起学生的兴趣，使学生乐于参加，积极配合。

（2）问题解决及形成性评价阶段。

设计意图：培养学生的口语交际能力和语言综合运用的能力，以及运用信息技术手段拓展现有知识层次的自主学习和合作学习的能力。

教师活动：在每组学生进行对话期间，教师辅助播放相关图片、视音频材料等，以便创设情境，便于表演，也有利于其他学生学习。每组对话展示完成后，教师应组织学生进行自评和互评，并予以总结。对于其中的闪光点要积极肯定，存在问题的地方要及时订正。对于学生对话中出现的有价值的、课本以外的新的语言知识，教师可以向全班同学加以讲授，以扩大学生的知识面。

学生活动：各小组表演自编对话、情景剧等。

教学预见：对于充满新鲜感和挑战性的问题，学生们愿意认真准备，积极参与。且乐于求新、求奇。课堂学习气氛高涨。

（3）辅助听力及形成性评价阶段。

设计意图：进一步巩固本单元所学知识点。提高学生的听力水平。

教师活动：教师呈现《走遍美国》中与问路相关的一段视频材料。预先提出问题，呈现材料结束后由学生来回答。呈现次数可视情况而定。要求学生复述材料内容。对于学生的回答情况要及时予以评价。

学生活动：带着问题和任务有针对性地来听对话。回答问题并复述内容。

教学预见：通过听材料、回答问题、复述听力材料内容，进一步锻炼学生听力水平和理解能力，以及口语表达能力。

（4）评价、总结教学结果结论。

设计意图：加深学生对知识的记忆，增强学生英语听说学习的信心。

教师活动：对学生在本堂课中的综合表现、学习绩效等给予客观、合理的评价。回顾需要掌握的知识点，以及应当加以注意的地方。

3. 课后

设计意图：布置作业。复习巩固所学知识，培养学生运用语言的能力和兴趣，鼓励学生大胆地使用英语进行交际。

教师活动：利用课后时间，借助学校的网络教室，使用MSN等即时交流工具及话筒、耳机等语音设备，用英语与外教、教师或同学等进行语音交流，内容需与本节课的教学内容相关。交流结束后，整理成文字稿，或总结成短文，在下节课前进行汇报。

三、信息技术环境下小学英语整合模式听说案例

（一）第一轮行动研究——*My weekend plan*

1. 计划阶段

教学准备主要是根据教学内容以及学生实际情况确定好本节课的教学目标

以及相应的教学课件等准备工作。本轮展示是以人教版英语（三年级起点）六年级上册 Unit 3 *My weekend plan* 中的 Part B 中 Let's try & Let's talk 听说教学板块为例。在授课前教师把制作的与本教学板块有关的动画视频等教学资源可先行发送到微信班级群里，让学生提前一天进行观看学习，这样学生通过事先对将学知识进行预热感知，可以有效缩短在正课学习时的过渡时间，从而更快地进入学习状态。

知识目标：能够听懂、掌握对话大意，按照正确的语音语调朗读文本；能够正确区分 where，when 的用法含义，能够在情境中运用句型 Where are/is … going? We're/ I'm going to … ；When are/is … going? We're/I'm going … 对时间和地点进行交流谈论。

技能目标：能够读懂题目要求，并能在听前预测听力材料的重点内容；能在完成简单练习后推测故事后续发展；能在教师的引导下运用基本的听力技巧完成相应的主旨题以及细节题；能基于听力重点内容就相关话题进行口语输出表达。

情感目标：通过对话学习了解有关电影院以及票价相关的生活常识；通过学习过程中的合作互动体验团队协作精神等。

2. 行动与观察阶段

（1）创设情境环节展示。

本环节教师根据教学内容创设了相应情境，先借助多媒体课件展示出后文主要人物的图片，然后用 who 进行提问。接着教师呈现 John 在回家路上遇见 Amy 两人聊天的场景，教师根据所呈现的场景对学生进行问题引导，让学生猜测场景内容，从而为进入正式的对话学习做准备。教师通过呈现真实情境并用问题来进行引导，可以有效激发学生的好奇心，提升学生的学习兴趣，为后续对话学习创造了语言环境和氛围。

T：Boys and girls，there are two of our good friends on the street. Do you want to know who they are?

Ss：Yes. Who are they?

T：OK! I want to know，too. Now，let's see their pictures. Look at the first one. Who is she？

Ss：Oh，she is Amy!

T：Yeah! You are right. How about this boy? Who is he?

Ss：John! He is John.

T：Good job! You are so smart. They are John and Amy. John is on his way home，and he sees Amy. Then he comes forward to greet her.

环节分析：教师通过呈现John和Amy两个主要人物以及他们在回家路上相遇的场景，让学生对场景进行初步感知，从而进入语言学习氛围。与此同时，教师在呈现情境的过程中，采用的是问题引导的方式，将主动权交给学生而非直接说出场景所涉及的人物，以此可以有效激发学生的好奇心以及学习积极性。学生在问答过程中表现出了强烈的好奇心，对教师所呈现的具体、形象的场景已有所感知，这为后续环节的开展打好了良好基础。

（2）激活先知环节展示。

本环节教师要利用好前面创设的情境，进一步通过提问的方式来发散学生的思维，促进他们对脑海里已有知识的提取，激发学生学习的主动性，让学生去思考、探索。在此还可以通过Let's try部分的简单问题来初步对学生的知识进行一个调和，通过问答来回顾本单元Let's learn部分内容的同时，也为后面Let's talk听说部分做好人物、场景铺垫，并且让学生根据已有信息来推测后续情节的发展，从而在心理上和知识上有一个衔接过渡，对后面内容的理解接收也会更容易。

T：Boys and girls，I have a question now. What is Amy going to do? Can you guess?（给学生一定时间思考）Who can answer my question? Anything you think of is OK.

S1：Maybe Amy is going to buy something.

T：Yeah，that is possible. And what things is she going to buy?

S1：Some food or some books...

T：Very good! Sit down，please! If she is going to buy some food，what kind of food will she buy? Can you guess?

S2：Milk, fruit, bread...

T：Yeah，maybe you have the right answer. Sit down please! Thank you! Now，let's listen and check the right answer.

T：After listening for the first time，can you tell me what Amy is going to do?

Ss：She is going to buy some fruit.

T：Wow! You are pretty clever. Is John going to buy some fruit? Let's listen again.

T：Is John going to buy some food too?

Ss：No, no...

T：No? What is he going to buy?

S3：He is going to buy ice cream.

T：And is the ice cream for John?

S3：No, it is …

T：For his cousin...Jack. OK! Sit down, thank you! Now, from the conversation, we can know John is going to buy some ice cream for his cousin. In their following free time, what are they going to do? And where are they going? Can you predict? （提示学生用 they are going to … 的句型进行推测）

S4：They are going to the supermarket and buy something.

S5：They are going to read some books.

S6：They are going to the cinema and they are going to see a film.

T：I am so happy that you have so many different ideas. Let's check it together.

环节分析：大部分学生在教师的提问引导下能跟着积极思考，通过猜测Amy要去做什么，学生可以自发地对先期所学知识进行提取，比如有学生就联想到Amy要去买东西，从买东西进一步联想到以前所学的 book, food, milk, fruit 等一系列单词，为后面听出正确答案降低了难度。学生在教师的引导下对先知进行提取，再通过Let's try部分的简单测试来对将学知识进行初步融合，以及推测后续内容，这些都是促进学生听懂听力内容的有效策略。但在该过程中，学生的思维发散部分还有待进一步练习提升，因为回答的同学所想到的语言知识还相对比较局限，甚至有些学生不知从何说起。

（3）获得新知环节展示。

本环节是学生输入新知的关键所在，教师在通过Let's try的热身环节激活学生先知、让学生初步调和新旧知识的情况下，可以进一步开始Let's talk部分的正式教学。本环节教师通过电脑课件设置不同层次的问题，贯穿整个听力练习，让学生在任务完成过程中逐步理解听力内容，最后再带着学生讲解听力文本里的重要知识点，让学生对相关知识进行归纳整理，形成自己内部的知识，为后续知识的加工做准备。

T: Firstly, we will have a free talk. Look at the picture on the Power Point and guess. Where can we see it? What is it about? When can we see it? I'll give you three minutes … OK. Time is up. Who can tell me where we can see it?

S1: In the cinema.

T: Very good! We can see this in the cinema. And so what is it about?

S1: Er... It is a film. It is about space travel.

T: I can't agree more. Let's give him a big hand. Sit down, please! As S1 said, this is a film about space travel, and we can see it in the cinema. But I want to know when we can see it at half price? Does anyone know the time?

S2: Tuesday.

T: Yeah, you really have sharp eyes. Now let's listen and find who is going to visit John? Where are they going? What are they going to do? Now, go!

（听完一遍后引导学生回答上述问题，掌握对话主要设计的任务和事件）

T: Well done! From the conversation, we can know John's cousin Jack is going to visit him and they are going to the cinema to see a film about space travel. Now, listen again and tell me when they are going at last? … Time's up! Who wants to have a try?

S3: Next Wednesday …

T: Yeah, we can hear next Wednesday. Is there any other time?

S3: Tuesday?

T: You are not wrong. We can hear Wednesday and Tuesday. But which one is right? Does anyone else know the right time? Raise your hand.

S4: I think they are going on Tuesday.

T: Why? Can you give me a reason?

S4: Because of half price.

T: Good job! You are right. Thank you. They are going to see the film on Tuesday, because it is half price then. Now, let's listen for the third time and judge if these sentences are true or false.

① My cousin Jack is going to visit me this week.

② We are going to see *Travel to Mars*.

③ It is half price on Wednesday.

④ They are going to the cinema on Wednesday.

⑤ John has lots of cosmic books about space.

（完成第三个任务后，教师带着学生对整个对话进行了讲解，重点讲授关于 where，when 的用法与句型，让学生掌握将来时 be going to 的表达）

环节分析：教师借助海报让学生大胆推测、自由谈论，提前帮助学生预热对话里的核心词汇与事件，接着设计了三个与听力内容紧密联系、层层递进的任务，让学生在完成任务中逐步熟悉、理解对话内容。前两个任务让学生掌握对话的主要情节和内容概要，第三个判断对错主要是为了辅助学生对对话细节的理解。这样由上而下的教学引导，让学生成为探究学习的主体，可以促使学生积极地参与到听力教学中去，并在完成任务的过程中不断收获成功的体验。在此过程中，也存在一些学生没有听出关键部分以至于没有解答思路，教师在涉及易混较难的地方可以让学生再听一遍，以此关注到更多的学生。

（4）知识加工环节展示。

日常教学中很多教师都在讲授完知识后就结束课堂教学了，没有注意引导学生对知识进行进一步迁移应用，从而致使学生对知识的掌握常常停留在表层，没过多久就会遗忘。知识的加工环节是促进学生发现学习的关键所在，教师在带领学生输入了新知后，应引导学生进行进一步地巩固深化，将前期的知识输入转化为后续的应用输出，也就是要注重学生口语表达输出的锻炼，而不能学习哑巴英语。该环节教师可以设计一些有趣的、合作性的输出性任务，在将知识进行迁移应用的同时锻炼了学生的口语表达能力，真正做到以听促说、听说结合。

T：Let's do an exercise. Translate the sentences into English.

①你打算去做什么？②你打算去哪里？③你打算什么时候去？

（选取学生进行翻译，纠正不对的地方，再次巩固 what，where，when 以及 be going to 的用法）

T：And then, we'll play an interview game. Interview your partner, and ask him/her some questions. For example, where are you going this afternoon? What are you going to do? When are you going? …) Then you two give a report. There are 5 minutes for you, and I will pick three groups randomly to report. Now, begin.

部分成果报告展示。

S1：Hi! Where are you going tomorrow?

S2：I am going to the bookstore.

S1：What are you going to do there?

S2：I am going to buy some cosmic books.

S1：When are you going there? I want to go with you.

S2：That is OK. I am going at 2 p.m.

S3：Where are you going this weekend?

S4：I am going to Hangzhou.

S3：What are you going to do there?

S4：I am going to visit my grandparents.

S3：Oh! That is very nice. When are you going?

S4：I am going on Sunday.

S3：Have a good time!

T：Thank you for your reports. All of you have done a good job. Most of students have known how to use the key sentence pattern. But I hope you can add more knowledge we learned before into your expression next time. I believe you will!

环节分析：教师通过设计一个翻译练习和一个采访报告游戏来帮助学生对所学内容进行巩固加强以及迁移应用。让学生将新知识及时活用起来，把听力输入转化为口语输出。对于第一个翻译练习，由于前一节课讲授的 Let's learn 部分就已经提到过 be going（to）的表达，加上本节新课也一直在强调该知识点，因此，学生对三个句子的翻译都还比较正确，参与度也较积极。不过就后面的采访游戏来说，虽然形式比较新颖、具有一定的创造性，大部分学生也在积极讨论，但主动上台报告的人较少。很多学生由于缺乏这种形式的锻炼，因而就相对胆怯。教师在后续的教学中应多锻炼学生在口语表达方面的能力，引导学生勇于表达，从而促进学生对知识的迁移应用、加工。

3. 反思阶段

（1）多元评价。

该阶段进行的是一个多元评价，首先，教师评价已经贯穿在了前面的教学过程中，教师在活动过程以及活动结束的时候都给予了及时的反馈评价，以激励性评价为主，从而帮助学生建立学习信心，勇于表达。其次，第一轮实践中的学生自评以及同伴互评采用的是授课结束后抽取一部分学生进行发言。大部分学生的评价内容较好，但也有一部分学生反映学习过程不够认真，有些知识点还掌握不到位。

（2）课后反思与改进。

第一轮的实验研究结束后，笔者和任课教师就整个教学过程进行了总结与反思，从而发现其中存在的不足之处，以便在下一轮实践中得到改善。

其中，在教学准备环节，虽然课前教师有给学生提供教学资源用于预热学习，但笔者和任课老师认为，课上直接就进行情境创设环节有点略显紧迫，中间缺少一个缓冲过渡环节。因此，我们决定在教学准备阶段增加一个预测评估环节，实施上就是借助多媒体课件带着学生进行一个review互动，其中包括本单元前期已学知识以及本节课将学知识，随后明确告知学生本节课的学习目标。通过这种方式，教师在正式授课前可以预先掌握学生目前的知识能力情况，从而可以及时对教学目标进行适当的微调，提升课堂教学质量。在教师带领的简单测试中，学生也有了一定的调整过渡时间，为进入正式的学习做好准备。此外，学生在知晓了学习目标后，就可以进一步明确自己的学习任务，后续的学习也会更有方向。

在教学过程环节中，创设情境部分还是成功引起了大部分学生的注意力，但也有小部分学生处于状况之外，没有跟着教师的引导进行思考。在激活先知环节多数学生在教师的问题引导下，能够联想到应用自己学过的单词、短语等进行表达，但是学生的回答还是相对局限，例如在问及Amy可能要去做什么的时候，大多数学生只能想到上节课谈论较多的buy books等词汇，而没有发散到go to school, visit someone, go to the park等更广泛的表达上。也有一些学生怯于说错而闭口不言，因此，教师在后续的教学中应注意对学生的引导，激励学生勇于表达，从而真正达到激活先知、听前预测的目的。

在获得新知环节中，教师为了促进学生对听力材料的自主理解，设置了三个前后联系的任务，让学生在任务完成过程中逐步理解对话。因为任务是通过多媒体课件来展示的，加上学生对听力内容的整体感知可能还不够，学生对于后面两个任务的完成情况不是很好，前面已提及的关键点在完成后面的相关问题时很多学生都已遗忘，下一轮实践可为学生提供题单辅助。在知识加工环节，学生对第一个翻译练习的完成还是不错的。由于第二个采访报告游戏相比学生平时的练习更具新颖性、创新性，因此，大部分学生的积极性和参与度都比较高，小组之间的讨论也比较热烈，但在让小组上台汇报的时候，主动的学生较少，多数学生还是比较胆怯这种场合的发言。进行展示小组的汇报内容的拓展性也有待提高，因此，教师还需要多带领学生加强其口语表达能力，促进学生听说学习的发生。

在教学评价环节中，教师的评价体现在过程性评价以及总结性评价方面，在教学过程中教师对学生的表现给予了及时的肯定，以进一步促进学生学习的信心和积极性。不过在过程性评价中，教师的评价有时过于随意，因而，效果并不是特别明显。因此，教师在任务完成后应就学生的完成情况给出更恰当更具体的评价反馈，让学生清楚地认识到自己出色的地方以及不足之处，进而不断优化进步。此外，学生之前很少进行自评以及同伴互评活动，因而在评价过程中有些学生不知道该从哪些方面进行入手，有些学生直接流于形式给出敷衍的评语。学生在此方面的能力仍需加强。

（二）第二轮行动研究——*I have a pen pal.*

1. 计划阶段

（1）教学准备。

① 教学内容与目标确定。

本轮展示是以人教版英语（三年级起点）六年级上册 Unit 4 *I have a pen pal.* Part A 中 Let's try & Let's talk 听说教学板块为例。课前教师在班级微信群里发放与本节教学内容相关的动画教学视频资源，以供学生进行预热学习。

知识目标：能够听懂 Oliver 和 Zhang Peng 对话的大致内容，通过听音练习模仿能按照正确的语音、语调朗读对话；能够掌握 What are … hobbies? He/She likes … 句型的适用情况，并在相应情境中运用该句型对他人的兴趣爱好进行交流谈论；能掌握 also 和 too 的含义及用法区别。

技能目标：能够通过看图捕捉关键信息，并在教师的提示引导下做出听前预测；能够借助关键词汇以及听前预测促进对听力内容的理解；能用所学句型来描述自己或者朋友的兴趣爱好等。

情感目标：培养学生通过了解他人兴趣爱好来结交朋友的意识；培养学生团结友爱、关心他人的品质。

② 预测评估。

该环节是根据第一轮实践情况新增的步骤，教师在进入正式授课之前先进行一个简单的预测评估，可以提前掌握学生知识能力的情况，以便对教学目标和后续教学做出必要的调整，学生在教师的引领下也可以提前进入学习状态。随后，教师告知学生学习目标，让学生清楚地认识到自己的学习任务和方向。

T：Hi, boys and girls! It is so nice to see you again. Before the class，let's have a short review together. Are you ready?

Ss：OK! ... That is great.（学生相对热情、积极）

T：OK! Let's start. （Look and say）I will show you some pictures，and you are supposed to tell me what they are.

T：What's this picture about?

Ss：Dancing.

T：How about this one?

Ss：Yeah，I know. Singing，the boy is singing.

T：You are so smart. How about this picture?

Ss：Er ... maybe ...

T：Do you know Li Xiaolong or Cheng Long?

Ss：Oh! We know. Doing kung fu.

T：Very good. You really know a lot. Well ... and this one?

T：OK. Please look at the first picture. What are the girl's hobbies?

Ss：Dancing.

T：Yes. Dancing is right. But we can express it in a more complete way... For example, ...

S1：She likes dancing.

T：Yeah，this is a better expression. And if we like something，we can say ...

S2：She likes dancing.

T：So smart. We should say she likes dancing. Look at the second one. What are the boy's hobbies?

Ss：He likes singing.

T：Well done! You are good at learning new things. Today，we are going to learn *Let's try* and *Let's talk*. You are supposed to understand the general content of the conversation，and know how to use the sentence pattern "What are ... 's hobbies? He/She likes ... " In addition，you are supposed to be able to have a conversation about your hobbies or those of your friends.

环节分析：教师通过图片展示的方式，让学生通过视觉冲击来联想相关知识，再次回顾上节词汇课的知识点，从而检测自己的掌握情况。在该过程中，学生对已学知识的掌握还算可以，个别地方还是需要教师的提示；对于新知识的预测部分可以看到，大多数学生对如何问及他人爱好以及如何完整回答的知识经验还相对比较匮乏。最后教师告知学生本节课的学习目标，让学生明确自己的学习任务。

（2）信息技术对本环节的支撑。

在第二轮行动研究中，信息技术环境对本轮教学实践各环节的促进作用主要体现在以下几个方面，如图9-1所示。信息技术对促进英语听说学习的发生起着至关重要的支撑作用。

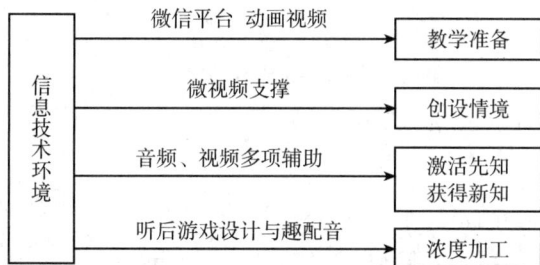

图9-1　信息技术支撑作用图

2. 行动与观察阶段

（1）创设情境环节展示。

在对第一轮行动研究总结反思的基础上，本次实践借助多媒体计算机来展示视频和图片两种情境的方式，通过视觉听觉多感官的刺激来更多地引起学生的注意力，激发学生探索的积极性和好奇心，让学生更切实地融入到情境中，对相关语言情境进行感知。同时也更好地调动学生的情绪状态，促进学生更快地进入学习。

T：Now, let's enjoy an interesting video. Watch and think.

（my new pen pal, my new pen pal, He likes to sing. He can sing very well … ）

T：After watching the video, can you tell me what this video is about?

Ss：pen pal, pen pal …

T：That is right. It is about pen pal. What is pen pal? Do you know?

S1：Maybe a pen?

S2：Maybe someone? …

T：Let's look at these pictures.

环节分析：教师播放了一段与交友和爱好有关的视频，其轻松愉快的音乐成功吸引了学生的注意力，让学生好奇里面的内容，从而很快进入情境并进行感知。教师通过提问也引出了 pen pal 的概念，并通过图片展示来激发学生的求学心理，为后续环节的学习做了很好的铺垫。

（2）激活先知环节展示。

从第一轮的实践情况来看，学生的知识联系和思维发散有点局限，这与学生的日常积累和教师的引导方式都有一定的关系。因此，在本轮实践中，教师充分利用好前面的引入情境，引导并鼓励学生勇于表达自己。结合视频和图片促进学生进行思考，提取先期知识，同时对后续新知进行大胆预测，让学生真正体会到自己是学习的主体。

T：Look at these pictures. What are they?

S1：Photos, postcard …

S2：Letter, pen …

S3：Computer, email …

T：You have got a lot of things in your mind. That's very good! So, pen pal is connected to these things. That is to say, pen pal means pen friend, a person you get to know by writing letters or emails.

Ss：Oh! It is like QQ friends.

T：Yes! You are so brilliant. It is similar to WeChat friends too. Now, please look at the pictures. Zhang Peng is talking with Oliver about his pen pal. Can you guess what they are talking about?

S1：They talk about the pen pal's photo. There are two photos of the boy.

T：What you say may be right. So, what detail can you see from those pictures?

S1：The boy is doing kung fu and swimming. He is very happy.

T：Do you agree with S1 ?

Ss：Yes.

T：I think so. But is there any other possibility? Who can have a try? Be brave!

S2：From the picture, I can see some animals. So they may talk about the sheep and cows.

S3：I think they may just talk about Zhang Peng's pen pal. His hair, face, clothes and so on...

T：Wow! Your ideas are very interesting. I think it is possible. They may talk about the boy's appearance. Such as his height and weight ... Everything is possible. Now, let's listen and check what they are talking about. Then, choose T or F in terms of the two sentences.（1. Peter likes basketball. 2. Peter isn't tall.）

T：（After listening to the tape）Does Peter like basketball? Is Peter tall?

Ss：He likes basketball, and he is tall.

T：Great. You have got the right answer. Do you know who Zhang Peng's pen pal is?

Ss：Of course! Peter.

T：Very good! Now, we can know Peter likes basketball. But in my opinion, he has some other hobbies. Could you predict?

S4：He likes swimming ...

S5：En... Maybe Peter likes singing too.

S6：I think he likes reading stories.

S7：He likes playing football.

T：You have so many predictions. I suppose that he may like doing kung fu as well，because he is tall. Next, let's listen together and see if we are right.

环节分析：教师借助前期创设的情境来引出 pen pal 的概念，并引导学生发散思维产生自己对该词汇的理解，由此引申拓展到有关爱好的话题，学生整体的积极性比第一轮要好很多。此外，本轮预测评估时教师带领学生的知识检测对该环节学生知识的激活以及推测活动产生了一定的正向促进作用，学生在问答环节的表现比之前显得更加自如，发言也相对更踊跃大胆一些。但在该过程中，也存在一些学生容易扯到一些无关紧要的话题上，没有关注到核心的地方。

（3）获得新知环节展示。

在第一轮行动研究后，我们认识到学生在获得新知的时候对整个听力内容的感知还是有点薄弱，并且由于任务是随多媒体课件的展示而出现的，有些学生在做后面任务的时候已经将前面有关的知识点遗忘了，因此，本轮实践教师单独将学习新知过程中的任务打印在题单上发放给学生，从而更方便学生根据个人情况进行学习。此外，学生在完成听力任务后应进一步进行听音跟读，从而对整个对话建立起更清晰的感知，促进自己对新知识的内化吸收。

T：First, let's look at the task. Listen and tick the words you hear. Now let's begin.

T：After listening, how many words can you hear?

S1：Hobbies, reading stories, interesting, singing.

T：Any other words?

S2：Swimming, doing kung fu.

T：Have you heard *Jasmine Flower*? And it means …

Ss：Yes, we have heard it. Just we don't know how to read it.

T：OK! That is not a big problem. Read it after me … So among these words, we can't hear the word dancing.

（He likes reading stories. He lives on a farm. He likes doing kung fu and dancing. He also likes singing.）

T：Now, let's watch the video and then recall and fill in the blanks.

T：Very good. You do have a good memory. Next, let's have a shadow reading.

T：After finishing these tasks, do you know what Peter's hobbies are? Let's say together.

Ss：He likes reading stories/doing kung fu /swimming/singing.

环节分析：在本轮新知教授环节，教师吸取了上一轮行动研究的反思经验，将任务打印成题单的形式发放给学生，以供学生进行前后联系。此外，教师在任务设计上进一步根据学生实际情况做出了调整，先让学生把握对话核心关键词，再通过正误判断掌握对话答题内容，随后结合视频感知对听力对话进行回想构建，从而整体把握听力内容。在获得新知环节，本轮实践教师还注重了听音模仿练习，引导学生总结归纳，让学生在知识的吸收和整合能力方面相比第一轮都有明显的提升。

（4）知识加工环节展示。

从第一轮行动研究的总结反思可以发现，学生平时对于知识加工的相关练习还比较匮乏，因而学生虽然在小组讨论时还较为积极，但到做汇报演讲时大多数人都不愿意主动尝试，内心比较胆怯。因此，学生在语言的运用输出方面还要重点加强，教师也应多锻炼学生当众发言、口语表达的能力，从而促进学生将语言真正学以致用。本轮实践教师以同伴合作的形式设计了你说我猜的游戏活动以及趣味配音环节，让学生在合作、探究、展示中对知识进行加工，教师在活动过程中也更加注意对学生的激励和引导，让学生更勇于表达，做到听说合一。

T：My dear students, now we have known Zhang Peng's pen pal Peter and his hobbies. Next, let's play a game. It is a guessing game. Are you looking forward to it?

Ss：Oh! Good. /Yeah, we want to do it. OK. Let us go.

T：Wow, I want to do it at once too. First, you are supposed to know the rule. That is, describe your good friend in our class. Then another student guess who she/he is. I'm going to give you 5 minutes to discuss and get ready for it. Then I will choose a couple of groups to show us on the stage. Do you understand?

Ss：Yes! And we are ready.

T：Here is an example for you. But you can't copy it all. Now, let's start!

A：Do you have good friends in our class?

B：Yes, I do.

A：What are his/her hobbies?

B：He/She likes singing and swimming.

A：What are you going to do this weekend?

B：We are going to see a film.

A：Oh! I know, he is Jack.

B：You are right!

T：OK! Boys and girls, time is up. Are you ready to show us your results? Now, let's welcome the first group. Don't be shy. All of you are great. Don't be afraid to make mistakes. Just be brave!

Group 1成果展示

S1：Hi! Do you have good friends in our class?

S2：Yes, I do.

S1：En... What are her/his hobbies?

S2：He likes playing basketball. And he likes helping others, too.

S1：What are you going to do this weekend?

S2：We are going to the school playground. We want to play basketball.

S1: Oh! I know. He is Zhang ××.

S2: Yes. You are right!

Group 2 成果展示

S3: Hello! Do you have good friends in our class?

S4: Yes! I have a good friend in our class.

S3: OK! Let me guess. What are his /her hobbies?

S4: She likes singing and she likes flowers very much.

S3: Is she tall or short?

S4: She is tall. She is very beautiful，too.

S3: Wow, maybe I know. And what are you going to do this afternoon?

S4: We are going to do homework together.

S3: Yeah. I can be sure. Is she Huang ××?

S4: You are so smart. She is Huang ××.

Group 3 成果展示

S5: Good morning! Do you have any good friends in our class?

S6: Of course. I have some good friends. Can you guess one of them?

S5: Yes. What are his/her hobbies?

S6: He likes reading books and playing football.

S5: Is he fat or thin?

S6: He is not fat. He's not thin.

S5: Can he ride a bike?

S6: Yes, he can. He can sing too.

S5: What colour does he like?

S6: He likes blue and red.

S5: OK, the last question. What are you going to do tomorrow?

S6: We are going to see a film. We like watching movies, too.

S5: That is great! I have the answer. I guess he is Liu ××.

S6: Aha, you are right.

T: Wow! You see. You are really great. So，just have a try. And you will sur-prise us! In particular, Group 3 do have done an excellent job! From the conversa-tion，we can see they have used a lot of knowledge we had learned before, and added many new things to predict the people they wanted to know. So, let's give them a big hand! At the same time, several other groups also did well, and it would be great if you could add more ideas of your own. I believe you will do better next time. Thank you for your presentation!（小组展示结束后，让表现最好的那组同学在多媒体计算机的"趣配音"上挑选一些喜欢的片段，然后随机选定同学进行配音表演。课堂时间不充足的情况下可延迟在英语自习课上进行，这样，在让学生娱乐的同时又进一步提升了学生的听说能力。）

环节分析：该环节教师通过设计一个游戏任务来进一步促进学生对本节课所学知识的巩固加工，学生也表现出很强烈的参与欲望。结合上轮行动研究的综合表现，本轮教师在让学生开始讨论阶段前先展示了一个示范例子，从而进一步帮助更多学生知道可以从哪些方面入手。从整体表现来看，通过上一轮的锻炼表达，本轮实践中学生的积极性都有所增强，没有起初那么强烈的胆怯感。学生在你说我猜的口语表达中内容的扩展也相比第一轮有一定的进步，台上的表现也更加自如，在教师的鼓励和引导下，学生对知识的迁移应用以及问题解决能力都有明显的提升。此外，本轮新加的配音环节也极大地激发了学生的参与积极性，让学生在轻松的氛围中使自身的听说能力得到了更有效的加工。但在学生积极讨论的过程中，存在有学生反应过度从而与同伴闲聊到超越主题的内容上，没有好好准备要展示的汇报内容；也有学生趁课堂的讨论氛围轻松而开小差，做一些与课堂无关的事，因此，教师在活动过程中还要加强学生参与性的监督，确保学生讨论内容的相关性和有效性。

3. 反思阶段

（1）多元评价。

对第一轮的行动研究进行总结反思后，本轮实践，教师仍是在教学过程中以及授课结束后对学生的情况都进行了及时的评价，并且注意到了评价的切实性和激励性，对学生认识到自身的问题以及学生的表现性起到了一定的促进作用。

综合第一轮让学生对自己和同伴进行口头评价的现实表现情况，本轮教师采用了将评价反馈调查附带在课堂任务题单后，在下课时让学生写好再统一收集上交给教师。学生在评价反思时主要对课堂上"我"（"我"同伴）是否在大部分时间都跟紧老师的教学步骤，认真完成教学内容的学习；在做听力题前，"我"（"我"同伴）是否可以根据相关图片、题干以及教师的引导推测出听力材料可能会涉及的内容；在做完听力后，"我"（"我"同伴）能够较好地完成教师给出的任务练习（如 pair work，do a survey，talk and write 等）；在课堂上的活动练习中"我"（"我"同伴）都积极参与，并且能够取得较好的效果等方面对自己和同伴进行评价。此外，学生对自己本节课学到了什么，还对哪些知识点存在疑惑、没有弄懂的，也进行一个简要的评价反思。

（2）课后反思与改进。

第二轮的行动研究结束后，笔者和任课教师同样对整个教学过程进行了总结与反思，以期发现其中存在的问题和不足之处，从而在第三轮实践中进行进一步的改进和完善，优化后续教学。

在教学准备方面，本轮实践就第一轮研究中的问题进行改善。在正式讲授新课前先对学生进行了一个简要的预测评估，教师根据学生的现实表现情况能更确切地把握学生目前的知识能力水平，从而可以对已设定的教学目标及时作出必要的调整，保证课堂的教学质量。从本轮学生的预测评估来看，多数学生对已学知识的掌握度处于能记住的状态，但个别知识还需要教师的辅助提醒。学生对于讲授新知的知识经验还比较薄弱，教师在此可以让学生进行预热，从而帮助学生提前进入学习状态。此外，本环节教师在评测后就明确地告知了学生本节课的学习目标，学生相比以往更清晰地认识到自己的学习任务，对后续的学习起到了一定的指向作用。

在教学过程中，本轮实践在创设情境环节处，教师借助多媒体计算机展示视频和图片，充分激发了学生的好奇心和积极性，学生跟着教师的引导对情境进行感知，其投入度要比第一轮更专注。激活先知环节教师给了学生更有指向性的提示和发挥空间，因此，学生在本轮的表现可以看到较为明显的进步。他们的发言相对更积极踊跃，没有之前那么害怕说错而怯于表达，并且本轮前面的预测评估对学生先期知识的激活发挥了很大的辅助作用，学生在知识联想上明显比第一轮更容易，其知识的发散性也更广。学生在相关信息的提示下也能对下文进行较为有意义的推测，但在该阶段教师要注意一下时间的把控，以免花费过多的时间，同时对学生的讨论发言也要有适度的把控，避免学生将注意力放在与核心主题无关的话题上。

在获取新知阶段，本轮将活动任务打印成题单发放给学生，并且任务的设计也更符合学生的知识接受能力，后期辅助视频回顾让学生对对话进行填空重构，从而促进学生对整个内容的梳理归纳。最后教师带着学生听音模仿跟读、归纳总结知识要点，让学生对新知进一步内化吸收与整合。本轮学生在知识的加工环节整体表现也有进步，同学之间的合作、讨论比之前都要熟练，上台展示的语言表达能力也有所提升，大多数学生从以前的害怕展示慢慢地都变得大胆表达，并积极参与和享受游戏过程，对知识的迁移应用能力也在逐步增强。但在此过程中教师还要加强对活动讨论过程的监控，确保学生都在认真讨论，以及对需要帮助的学生提供适当的辅助。

在教学评价方面，本轮的学生自评和同伴互评评价形式采用的是调查回馈的方式，而不是口头汇报。这样可以有效避免上一轮学生的评价点不到位以及随意乱阐述的现象。学生就题单上的调查问题对自己和同伴进行客观的评价与反思，进而帮助自己更清楚地掌握自己当前的学习状况，同时对同伴和自己也有着一定的督促作用，教师也可以及时地掌握学生的真实学习情况。从本轮的信息反馈情况可以看到，多数学生还是能跟着教师的节奏一起学习并完成相应任务，但有部分学生仍反映自己的课堂参与度还不是很高，课堂任务的完成情况还有待提高，因此，教师在后续教学中要注意多关注学生的整体学习情况以及在互动中尽量扩大学生的参与度。此外，有的学生对自己本节课所学的知识认知情况还不到位，回答太过笼统，如，我本节课学习了一些单词、一些语法、一些知识点……从中可以看到这部分学生对本节课的学习目标仍然不明确，导致自己也说不出到底学了些什么？学习重点又是什么？因此，教师在教学过程中也要多次提到本节课的学习目标，帮助更多学生认识到自己的学习任务，提高学习效率。

（三）第三轮行动研究——*What does he do?*

1. 计划阶段

（1）教学内容与目标确定。

本轮展示是以人教版英语（三年级起点）六年级上册Unit 5 *What does he do?* Part A 的 Let's try & Let's talk 听说教学板块为例。同样，教师在课前通过微信群给学生发布与将学内容相关的动画视频，以供学生自主观看，从而对知识提前建立基础的感知。

知识目标：能够听出与职业相关的关键词汇，大致听懂对话内容，并通过听音练习模仿能按照正确的语音、语调朗读对话；能够掌握 What does he/she do? He/she is … 句型的使用，并在有关情境中能运用该句型来描述自己的爱好喜欢的职业，以及谈论他人的职业和生活情况。

技能目标：能够通过看图或语句描述来推测职业信息，并在老师的提示引导下做出听前预测；能够借助关键词汇以及听前预测促进对听力内容的理解；能用所学句型来谈论自己或他人的职业情况等。

情感目标：学会从不同角度去认识不同职业的意识，并明白从事某些职业所应具备的条件；能构思自己未来的职业梦想。

（2）预测评估。

结合前面两轮的行动研究情况，教师在进行正式授课前先进行简短的预测评估，对学生后续环节的学习有积极的促进作用，同时教师也能更清楚地了解学生的知识水平，从而进行有的放矢的教学。本轮教师借助多媒体计算机展示图片，通过练习活动 Look, say and describe 对学生进行知识检测和预测评估，以便调控相应的教学目标和课堂教学。

T：Hello, boys and girls! It is so nice to see you everyone. Before the class, I am going to show you some pictures and you are required to tell me the job that refers to. At the same time, you have to describe it in a few simple words. Are you ready?

Ss：Yes! Let us start.

T：OK! Please look at the first picture. What does she do? Can you guess?

S1：She is a worker. She is working.

T：Yes! You get the point. She is a worker, and she is making products. Very good, thank you! Next, how about this one?

Ss：He is a postman.

T：How do you know that?

S2：I can see "China Post" on his bag.

T：Anything else?

S2：There is a letter in his hand.

T：Great. You are right. The postman always delivers the mail or letters to others. OK. Let's look at the following one. What's his job?

Ss：A businessman.

T：What do you know about businessman?

S3：He needs to use a computer. And he is going to other cities.

T：Well done. You know a lot about this job. Is your father a businessman?

S3：Yes, he is.

T：That's great! Thank you. How about this picture?

Ss：Er …

T：What can you see from the picture?

Ss： A man and a car.

T：Yes. There is a man and a car. So in our daily life, who may drive a car? Especially they can drive a bus or a taxi. And they can drive us to the place that we want to go. We could usually call them …

Ss：Driver...Oh! He is a driver.

T：Great! You are so clever.

T：Now，we have known about some jobs. Today, we are going to learn two parts, Let's try and Let's talk. And you need to understand the general content of the conversation. Besides, you are supposed to be able to talk with others about your own or their career.（教师结合中文向学生说明本节课的教学目标，并将其板书在黑板一边）

环节分析：在第二轮行动研究的实践下，学生对预测评估环节已经不再陌生，知识的检测情况也有所改善。教师带着学生在问答互动中完成课前小检测，既让学生做好了学习准备，教师自身也对学生学习情况有了更真切的了解。同时，学生在明确自己学习目标的情况下再进入正课学习，这将有效促进后续的学习教学。

2. 行动与观察阶段

（1）创设情境环节展示。

通过对前两轮行动研究的总结和反思，可以看到在进入听力教学前，情境的创设对促进学生对听力内容的理解和感知起着重要作用。结合前两轮经验，本轮实践，教师对该环节的时间问题加强了监控，在能够成功调动学生积极性的情况下，让学生感知情境，快速进入学习状态。

T：Next week is Parents' Day of our school. Are you excited about it?

Ss： Yes. I am look forward to it./No, I don't expect it …

T：Wow, I see. Different students have different feelings. Why do you expect that?

S1：Because I can invite my parents to visit our school and see my good friends.

S2：Because my parents are going to our school.

T：So, why don't some students expect it?

S3：My parents can't come to our school, because they are so busy.

S4：Er … I am … afraid they will ask my teacher about my grades …

T：Oh! Don't worry. Everything will be fine. And it will be a nice day. Just expect. What's more, today is Parents' Day of the school. Look at the picture. Sarah is talking with Oliver. Do you want to know what they are talking about? And what happened to them?

Ss：Yeah! Let's see …

环节分析：教师先通过结合学校真实事件来引发学生对家长日的思考和感受，接着给学生展示出 Oliver 和 Sarah 在他们学校家长日上讨论的场景图，通过提问让学生进一步感知场景并产生好奇心。时间把控恰当，并且学生在教师的引导下也快速地进入了学习状态。

（2）激活先知环节展示。

教师借助上一环节创设的情境，通过问题引导的方式进一步帮助学生激活先期知识。经过前两轮的实践后，学生对知识的激活与联系能力有了明显的提升。本轮实践教师基于 Oliver 和 Sarah 在家长日上讨论的场景来让学生发散思维、推测情节，同时也对学生谈论的话题广度做出了适度的调控，以免出现将大把时间花费在无关问题上。

T：According to the picture and the information you know, can you predict what they are talking about?

S1：They are talking about their parents, because today is Parents' … Day.

S2：Maybe they are talking about their study.

S3：I think Sarah is asking Oliver if his parents can come today.

T：Great! All you say are possible. And if they are talking about their parents, do you know what they are probably talking about? Which aspects?

S1：They may talk about their parents' … hobbies. Sarah's … mother may like cooking, singing, watching TV and so on …

T：Wow! That sounds good. They are sharing their parents' hobbies. Then what are your hobbies?

S1：I like playing the guitar and listening to music. I also like singing.

T：Pretty good. I am interested in your hobbies. Thank you. Sit down, please. Does anyone else have other ideas?

S4：In my opinion, Oliver is probably talking with Sarah about her parents' jobs.

T：This is a good idea, too. Thus, in your view，what does her father do? A driver? A teacher? A doctor? Or a postman?

S4：He may be a postman or a doctor.

T：Then what about her mother?

S4：Her mother may be a teacher.

T：OK! You do have your own ideas. Well done! And now I have another question. In your opinion, can Sarah's mother come or not?

Ss：Maybe she can./Maybe she can't.

T：Don't worry. Let's listen and check the answer together.

T：After listening, do you know the answer? Sarah's mother can or can't come today.

Ss：She can come today.

T：And what does her father do? Is it the same as what S4 just said.

Ss：Her father is a doctor.

T：Very good! You are right. Now, we have known some information about Sarah's parents. Can you guess what Oliver's mother and father do? I suppose that you are good at predicting.

Ss：His mother is a teacher/ writer/ … His father is a worker/businessman/ …

环节分析：学生通过对Sarah 和Oliver的对话内容的推测以及部分验证，成功提取了上节课Let's learn部分所讲授的关于职业的词汇知识，并且可以较为正确地表述出来。此外，有的学生还联系到了上一单元有关兴趣爱好的话题，在教师的引导下，学生再次对相关知识进行了巩固学习，学生在前后知识的联系与掌握方面相比之前已发生了较为明显的改善，整个班级的活跃参与度也有所提升。这为学生对Let's talk正文部分的学习以及知识的加工都打下了良好的基础。

（3）获得新知环节展示。

在教师帮助学生有效地激活先知并引领学生主动将新旧知识发生联系的情况下，学生对于后续新知识的获取和理解就会更加容易。综合前两轮的实践总结，在教授新知的时候把任务以题单的形式呈现给学生以及完成任务后的听音模仿跟读练习对学生理解听力内容、前后整合知识有明显的促进作用。本轮实践，教师也以任务来贯穿整个新知教授，并将任务形式多样化，综合促进学生在听、说、读等多项语言技能上的锻炼，让学生在输入新知的同时进一步将新旧知识联系归纳、整合内化。

T：I am so glad to hear that you have so much speculation. But to see who is exactly right，let's learn the next part together. First, let's look at Task 1. Listen and answer the questions.

Q1：What does Oliver's father do?

Q2：What does Oliver's mother do?

T：After listening, can you hear the right answer?

Ss：Yes, Oliver's father is a businessman.

T：And how about his mother?

Ss：His mother is a teacher.

T：Pretty good! And his mother is not only a teacher but also a head teacher. That is, she is the leader of a school.

Ss：Wow! That is so cool!

T：Well, next, let's look at Task 2. Listen and choose. Listen carefully and choose the right answer.

1. Where is Oliver's father now? A. In the office.　　　B. In Australia.

2. Will Oliver's mother be here today? A. Yes, she will.　　　B. No, she won't.

（学生听完第二遍完成任务 2，老师带领学生核对答案，促进学生对听力细节内容的理解。）

T：OK! Let's watch the video to know more about Oliver and his parents. And finish Task 3. Watch and judge.

① Oliver's father often goes to other country.（T/F）

② Oliver wants to be a teacher.（T/F）

（让学生观看视频后再判断对错，结合音频和视频的多感官输入促进对听力内容的理解）

T：Now, let's have a shadow reading.（老师再次播放音频，让学生听音模仿跟读，注意提醒学生语音、语调的正确性）

T: Up to now, I believe you have solved the problem that I asked you at first, and you have understood the general content of the conversation. Next, there is another task to be solved. Please read the article and paragraph the dialogue into three parts. I will give you three minutes. Now, go.

（让学生进一步阅读对话内容并进行分段，教师带领学生核对完成任务，并对对话内容中的重要知识点进行讲解，如核心句型 What does he/she do? He/she is...以及 countries，want to be 等知识点）

环节分析：通过完成一系列任务来逐步理解听力内容，学生在该过程中处于探索新知的主体，而不是被灌输的被动接受对象。并且教师在任务设计中结合了多项语言技能的练习，在多轮教学的锻炼下大多数学生已可以应对这种变式训练，可以看出学生在对新知识的接收输入以及对知识的内化归纳与联系整合等方面都有明显的进步，对知识不再是停留于表层的吸收，而在往深度学习不断迈进。

（4）知识加工环节展示。

通过对前两轮行动研究的反思总结可以看到，知识的加工环节在促进学生对知识的深化理解、迁移应用以及整合输出等方面确实发挥了至关重要的作用。在本轮行动研究中，教师除了以具有开放创造性的活动来促进学生对知识的加工外，还应注重对学生活动讨论过程有效性的监督，避免有学生趁机浑水摸鱼、开小差。同时教师也要不断鼓励学生大胆发言、踊跃表达，让更多学生能突破自我、展示自我，在学生讨论过程中教师对需要帮助的同学也应提供适当的提示引导。

T: My dear students, we have got to know Sarah's parents' jobs and Oliver's parents' jobs. Moreover, we know what Oliver wants to be … It is time to talk about your ideal job. Now ask yourself what you want to be and why. （driver, writer, singer, dancer, doctor, teacher, football player …） I will give you three minutes and we'll have a free talk.

T：OK, time is up. Who wants to have a try? Seize the opportunities to express yourself. Be brave. There is no right or wrong. And everything you think about is OK.

S1：Hello, everyone! My name is Li ××. In the future, I want to be a teacher. Because my mother is a teacher and I think she is very great. I love this job, too.

Thank you!

S2：Good morning, boys and girls! My name is Ye ××. In my view, I want to be a singer, because I like singing very much. I will be very happy when I listen to music as well as I sing a song. I hope my dream will come true. Thank you!

S3：Hello, my dear students and teacher. I am Jin ××. I want to be a scientist, because I am interested in finding new things and I like to solve the difficult pro-blem. I think I am smart, and I am going to do some great things. I believe I can do it.

T：Wow! I am so excited to hear you have so many good aims. And it is my opinion that all of your ideas are great and possible. You should remember that your goals will be achieved as long as you work hard at it! OK, in the following time, we are going to do a survey. Work in pairs. Interview your partner about his/her family members' jobs and what they want to be. Then you are required to make a short presentation. There are some sentences you can use. What does your mother/father do? —He/She is … What does your mother/father want to be? —He/She wants to be … You can add some other information, too. I'll give you five minutes. Now, begin. （老师结合中文解释调查活动要求，并在电脑上展示出一些相关职业词汇，在讨论过程中老师要四处查看学生的准备情况，并对需要协助的学生提供适当的帮助）

Group 1 成果展示

S1：Hello. I am going to make a survey about your family.

S2：Yes, please!

S1：What does your mother do?

S2：My mother is a teacher.

S1：And what does she want to be?

S2：She wants to be a teacher as well. She loves her job.

S1：That is very great! How about your father?

S2：He is a postman, but he wants to be a police officer.

S1：I am interested in police, too. Do you have any sisters or brothers?

S2：Yes! I have a brother. He is working, too.

S1：Wow! What's his job?

S2：He is a police officer.

S1：Oh! That is perfect! Your father must like his job. （角色对换）

S2：Yes. You are right! So, how about your family? What does your father do?

S1：He is a businessman, and he wants to be a businessman, too. He wants to earn a lot of money.

S2：Aha. That is a good aim. How about your mother?

S1：My mother is a writer. She loves writing something and sharing it with others.

S2：That sounds cool. I like it. Do you have any sisters or brothers?

S1：Yes. I have a little sister. She is a student like us.

S2：Yeah, good!

Group 2 成果展示

S3：Hello, my dear partner. Can I ask some information about your family members?

S4：Of course you can.

S3：What does your father do? And want does he want to be?

S4：My father is a doctor, and he wants to be a doctor, too. That is his dream. He wants to help other people.

S3：That is a great job. And what does your mother do?

S4：My mother is a housewife now. She wants to take care of me well.

S3：What are you mother's hobbies?

S4：She likes cooking and reading books. She was a teacher before.

S3：That is a good habit. And do you have any sisters or brothers?

S4：No, I don't. But I have a cousin, and I always play with him.

S3：That's great. At last, what do you want to be?

S4：I want to be a football player. I love it very much，and I think it is very cool.

S3：I think so. And I believe you can do it!

S4：Thank you. Next it is my turn to ask you. What is your parent's job?

S3：Yeah, my mother is a worker. She makes a lot of things every day. But she likes singing very much. So I think she maybe wants to be a singer.

S4：Sounds good! How about your father?

S3：My father is a taxi driver. But he wants to be a pilot. But it is difficult to do that.

S4：Yeah. That is not an easy thing. Do you want to be a pilot, too?

S3：No, I want to be a businessman. If so, I can often go to other cities. I like traveling.

S4：Maybe you should be a guider. They can travel around the world, too.

S3：Yeah, this is a good idea.

S4：Wish your dream can come true.

S3：You too. Thank you.

T：Thank you for your presentation! It's pretty good. I have to say you have done a wonderful job. I'm so happy to see you can express more than I expect. That is great. Most of you have made big progress in learning English. I hope you can keep on doing it，and more and more students can be brave enough to show yourselves. I'm looking forward to it！（随后教师让学生在"趣配音"上选出喜欢的配音片段，由于课堂时间有限，就在后续的自习课上再进行配音表演。）

环节分析：本轮行动研究，教师加强了对学生活动讨论过程中的监督和指导，学生的活动参与度以及讨论内容的有效性都有明显的加强与提升。无论是在 free talk 部分还是小组成果展示部分，学生在知识的迁移应用以及口语的表达能力等方面取得的进步还是较为明显的，同时在后续的配音游戏中学生的参与度与表现力也有很大的提升。他们从最开始的不敢发言、无话可说到后面的勇于突破自我、积极参与再到现在的乐于表达、灵活应用。教师不断引导学生真正学会学习，将所听转换为有所说，将所学转换为有所用，帮助学生实现了对知识的加工。

3. 反思阶段

（1）多元评价。

在综合了前两轮行动研究的经验下，本轮教师仍然在课堂教学中向学生给出了多样性的评价，同时评价内容上更具指向性，从而让学生及时得到更切实具体的反馈，这对保持学生积极的学习态度、帮助学生更清晰地认识自我以及促进课堂有序地开展都有着积极的正向作用。此外，在第二轮行动研究中通过问题收集的方式来完成学生自评以及同伴互评取得了较好的成效，因此本轮沿用相同的方式来进行。在学生填写过程中，教师注意提醒学生认真结合自身情况和同伴情况如实填写，同时对课堂中所学知识进行反思总结。

（2）课后反思。

在第一轮和第二轮行动研究的基础上，本轮实践任课教师和笔者总结并反思了前期实施过程中存在的不足之处，对英语听说学习教学模式在第三轮行动研究中的实施进行了适当的调整和改善。总体来看，学生在英语听说课上的表现以及在学习效果上取得了较大的进步。

教师在正式授课之前通过问答互动的方式对学生进行简短的预测评估，促进了自己对学生学情的掌握以及帮助学生提前做好了进入学习的准备；通过明确告知学生学习目标并将其板书在黑板上，加深了学生对课堂学习任务的认识，避免了学生在课堂上重心乱投甚至不知学习方向的现象。教师通过创设与教学内容贴近以及符合学生认知情况的情境让学生对情境，的感知度以及探索课堂的积极性都有所提升。

此外，学生在教师问题引导的方式下可以越发容易地激活先知、发散思维，并且结合已有信息对后续听力教学内容进行有效地听前预测，学生学习的主体性更为凸显。在教师教授新知识时，学生在前期教学环节的铺垫下对听力内容的理解和掌握更为快速；通过完成一系列的听力任务，学生可以不断体验学习带来的成就感，从而树立更强的学习自信心。并且在不同类型任务的锻炼下，学生在输入新知的同时自己在语言综合运用方面的能力也得到了更好地提升，学生逐渐掌握了如何更好地输入归纳新知识以及对新旧知识进行联系整合。

教师通过设计不同的知识深化加工的活动游戏，加强了学生将知识转化为解决实际问题的能力，让学生真正体验语言的有用性；同时，教师对该过程加强了监督和指导，学生在合作协助和问题探究方面表现得更加认真努力。从学生个人以及小组的成果展示中可以看到，在教师的激励和引导下，学生在语言的运用表达以及对知识的迁移应用和问题解决能力等方面都有较为明显的提升。此外，教师在借助自身对学生的评价以及带领学生进行自评和互评的过程中，让学生树立了自我反思的意识，养成了对自己的学习情况进行总结反思的习惯，从而进一步促进自己的学习效果，提升学习质量。总的来说，通过三轮的行动研究实践，任课教师表示学生的学习状态和效果确实得到了改善，在后续的英语教学中将会继续考虑使用该模式，从而不断促进学生学习的发生。

（四）教师、学生访谈结果分析

在三轮行动研究实践后，笔者分别对任课教师以及实验班学生进行了访谈，以进一步了解他们对小学英语听说学习教学模式实践的体验感与满意度，为今后的研究与改善提供重要参考。

1. 教师访谈结果

（1）通过三轮的实践教学，您觉得是否有必要在小学高段进行教学呢？

任课教师在实践后的访谈中表示有必要在小学高段进行教学。这次研究中的实验对象就是六年级学生，该阶段的学生已具备一定的思辨能力，并且也积累了与英语有关的基础知识，积极性、好奇心也较为强烈；但由于他们的好动、注意力容易分散以及自控能力差等特点，大多数学生对英语的掌握度并不牢固，处于浮于表面的状态。因此，我们教师应该基于学生的特性特点，在他们已有的知识能力层次上引导学生进行学习。此外，本次实践对学生实施的就是学习教学，在三轮行动研究实践后，学生在学习以及综合能力上确实得到了很大的改善和提升，学习状态也比之前要好得多，因此，实践也较好地印证了对小学高段学生进行教学是可行的且有效的。

（2）您对当前设计的小学英语学习教学模式是否满意？为什么？

任课教师在访谈中表示，总体来说对这次实践中所应用的小学英语学习教学模式是比较满意的。这次实践所使用的教学方式与其之前的行课风格有一定的差别，以往的听说课中更注重让学生听力任务的完成以及对听力材料的讲解，偏重于知识的输入，而忽略了对学生在输出表达上的锻炼，此外在对学生的评价与引导学生进行反思总结方面也存在欠缺。其还表示本次实践使用的小学英语听说学习教学模式真正做到了以学生为主体，以教师为主导，将课堂的主动性更多地交还给了学生，让学生真正参与并融入课堂，体会英语听说课的乐趣。本模式注重对学生综合能力的培养，而不是只教给学生新的知识点，例如在对知识的加工环节，我们多采用各种不同形式的活动来进行，让学生分组进行活动探究，通过讨论准备，再上台展示分享，这不仅锻炼了学生的团队协作能力，同时也锻炼了学生的口语表达能力以及向众人表达自我的能力等，让学生将前期的知识输入转换成后期的输出应用。最后，在整个教学过程中，可以明显地感受到学生的进步，当然这对教师也提出了更高的要求，教师在前期的备课上要花更多的心思。

（3）您在今后的教学过程中会继续采用该模式进行英语教学吗？为什么？

在对任课教师的访谈中其表示在以后的教学中会继续采用该模式进行英语教学。英语听说学习教学模式可以让教师对学生有更真实更深入的了解，在授课过程中也帮助学生获得了正确的学习方法以及良好的学习习惯，对学生学习效率的提升有着积极的促进作用。在实践中可以发现学生逐步地克服了以往害怕表达不敢说英语的缺点，越来越多的学生积极参与课堂并且勇于表达自己的观点，这都是令人欣喜的收获。时间允许的情况下，此次任课教师表示在以后的其他类别的英语课上也会考虑借鉴该模式，如词汇、阅读课，从而促进学生在这些知识上的学习。

2. 学生访谈结果

（1）在近一段时间里，你有发现英语课堂有什么不同吗？你喜欢现在的授课方式吗？

在对实验班学生的访谈中，被问到的学生绝大部分表示很喜欢现在的授课方式，这与以往的上课形式有较大的差别。有的学生说道："现在的课堂更有趣了，老师会给我们展示有趣的图片或视频，并让我们对其大胆猜测联想，不分对错，这让我们觉得很有趣，而且有些同学的想法也很新奇，大家的学习兴致都很高。"有的学生表示现在的英语听说课中，"老师会引导我们一步步地去主动完成听力任务，任务的设置前后联系，没有太难也没有很简单，在完成任务后比以往掌握听力材料的内容更全面了；并且老师总是鼓励我们，让我们大胆去做、去听，甚至猜测，总是引导我们自己去找到答案，这让我们很有成就感。"也有的同学表示，"最大的不同在于现在有更多的时间让我们进行活动并进行展示分享；此外老师还会让我们相互评价，在课后进行总结反思，虽然最开始的时候我们有点不适应，但慢慢地我们形成了习惯并且觉得很有趣，自己的学习状态也变得更好了。"

（2）你认为现在这种教学方式对你的英语学习有没有产生什么影响？你近期在英语学习上最大的改变是什么？

在实践后对学生进行的访谈中发现，大多数学生都认为这种新的教学方式给他们带来了较好的影响。有的学生表示，自己最大的改变就是对英语课的学习变得有兴趣以及有信心了，以前的自己总是跟不上老师的节奏，自己的知识有时也较欠缺，因而越听就越听不懂了，也就不想听了；但现在老师在正式学习新课前会帮助我们联想以前的知识，并与新课相联系，做听力的时候任务也是由易到难，让我们理解起来更容易，后续的听音跟读以及整体讲解在整体内容的把握上也很有帮助，因而现在能渐渐地跟上节奏，并且更有信心了。有的学生表示，现在的教学方式使自己更敢于用英语来表达，并且在与同学和老师交流的过程中觉得很有成就感。也有的学生表示自己最大的改变是知道对自己的学习进行反思，总结相关学习内容，从而使自己的学习更有效。此外，也有学生表示，自己在空余时间会借助手机或电脑去观看与英语有关的视频，也会跟着视频模仿学习，偶尔还会跟家人用英语说上几句。

3. 教学实践总结

本研究通过三轮的行动研究完成了对小学英语学习教学模式的教学实践，在研究过程中不断对实施过程中存在的问题进行改进与完善，总的来看，该模式取得了较好的学习效果。该模式可以有效地提升学生的学习态度与学习动机，教会学生进行总结反思，提升学生的问题解决能力，让学生学会学习。此外，该教学模式在听说课的教学上将内容化抽象为形象，教师借助相关的图像视频来帮助学生感知情境，促进学生对知识的理解；在活动过程中注重对学生在知识的迁移与应用方面的锻炼，通过输出练习提升了学生的口语表达能力，同时也增强了学生之间团结协作能力，有效地提高了学生的学习效果以及改善了学生的学习状态。在后期的调查中，教师与学生对该模式都比较满意，肯定了该模式的有效性。

本章小结

知识经济的到来和信息时代的发展大大地促进了全球经济一体化的进程，国际的经济合作和贸易往来更加密切和频繁，也更加趋于互相依存。各个国家、民族之间的经济、文化、科技交流已成为人类生活不可缺少的一个重要方面，由此，英语学习与教育得到了全世界的广泛重视，许多国家在本国基础教育发展战略中都把英语教育作为公民素质教育的重要组成部分，将掌握一门外语作为对21世纪公民的基本要求。顺应信息社会对人才素质的新要求，我国教育部在2001年启动的基础教育课程改革中明确提出全国各小学从三年级开设英语课程，有条件的学校可在一年级开设英语课程。英语开始成为小学阶段的必修课，英语学习也在我国基础教育中开始占有重要的位置。

尽管人们已充分认识到早期英语学习对儿童的发展具有重要意义，并且儿童具有语言学习的年龄优势，但是语言学习是一个复杂的过程，并且在小学阶段开设英语课对我国的英语教育来说还是一个新的课题。虽然我国英语新课程改革提出要改变英语课程过分重视语法和词汇讲解与传授的现状，强调通过语言情境的体验来习得语言知识和言语能力，强调发展学生的语言综合运用能力。然而从现实情况来看，由于长期受传统外语教学观念的影响，改革的效果与人们的期望值之间尚有很大的距离。如何深化英语教学改革，提高学生的言语交际能力，仍然是英语教学所面临的一个重大课题。

"教育处在不停顿的改革之中已经成为现代教育的一个基本特征。"传统的教育改革主要关心教学内容、方法、手段等方面，进入新世纪以来，国际上开始探索和实践新的教学改革的思路，这就是在各学科教学过程中广泛使用以多媒体计算机技术与网络通信技术为基础的现代信息技术手段，依靠信息技术与各学科课程的整合来改革传统教学模式和教学结构，从而为教育创造良好的条件。信息技术与各学科课程整合已经成为教育信息化与教育改革的一个核心问题。现代信息技术所具有的多种特性能够为良好的英语学习环境的创设提供有力的支持，新英语课程改革也特别强调要把信息技术运用到小学英语教学过程中，改革传统的英语教学模式。而这种信息技术环境下的教学设计的能力是教师进行信息技术与课程整合应具备的基本教学素质之一，是信息化教学的前期工作，也是信息技术与小学英语课程整合的关键所在。

传统的小学英语教育不论在教育理念、课程设计还是在教学方法、教学评价上都是一个比较成熟的教育体系，近代教育理念虽然使其变革了许多，但由于其教学模式没有从根本上改变，它的历史惯性仍然很大。计算机及其网络的发展正在改变着人们的经验模式和文化观念，同时对小学英语学习也产生了巨大的影响。信息技术环境下的小学英语课程整合教学在与传统的英语教学对话中，显示了其独特的功能，它通过小学英语课程把信息技术与英语教学有机地结合起来，从根本上改变了传统教和学的观念以及相应的学习目标、学习方法和评价手段。而信息化的教学设计就成为这一转变的关键环节。

从对相关研究的分析中，我们发现，在信息技术与小学英语教学整合方面，无论是在理论上还是在实践上都没有充分的研究，本书从信息技术环境下的英语教学目标的设计、教学方法策略的设计、教学评价的设计几方面展开研究，探索了信息技术环境下的英语教学模式，并通过大量的实例研究进行论证，从中选取了几个典型案例，将教学设计的理论研究与教学案例相结合，对教学实践具有一定的指导意义。

参考文献

[1] 中华人民共和国教育部. 义务教育英语课程标准(2022年版)[M].北京:北京师范大学出版社,2022.

[2] 顾文竹. 布鲁纳教学四原则下的三年级英语单词记忆方法[J].英语画刊(高级版),2018(11):87.

[3] 周世瑶. 从维果茨基观点看待英语学习中的纠错性反馈[J].新校园(上旬刊),2015(6):10

[4] 熊爱金. 探究信息技术与小学英语教学的深度融合[J].校园英语,2023(3):127-129.

[5] 邵裕静. 信息技术驱动下的小学英语智慧课堂[J].江西教育,2023(11):78-79.

[6] 邵燕. 基于信息技术视域例谈小学英语深度学习课堂教学的有效性[J].小学生(中旬刊),2023(3):91-93.

[7] 魏荣君. 运用信息技术培养创新思维:以小学英语教学为例[J].名师在线,2023(5):79-81.

[8] 姚莹. 信息技术在小学英语绘本教学中的运用与研究[J].天天爱科学(教育前沿),2023(2):58-60.

[9] 蒋丽. 双减之下基于信息技术提升小学英语课堂质量[J].数据,2023(2):234-235.

[10] 刘兰. 小学英语教育教学中融合信息技术的有效性探究[J].黑龙江教师发展学院学报,2023,42(2):102-104.

[11] 孙青. 信息技术应用于小学英语教学的研究[J].中小学电教,2023(Z1):105-107.

[12] 郭海燕. 巧用信息技术提高小学英语课堂教学质量[J].试题与研究,2023(4):143-145.